マンガ アンドロイド観音が般若心経を語りはじめた

監修 高台寺
結城わらる

かもがわ出版

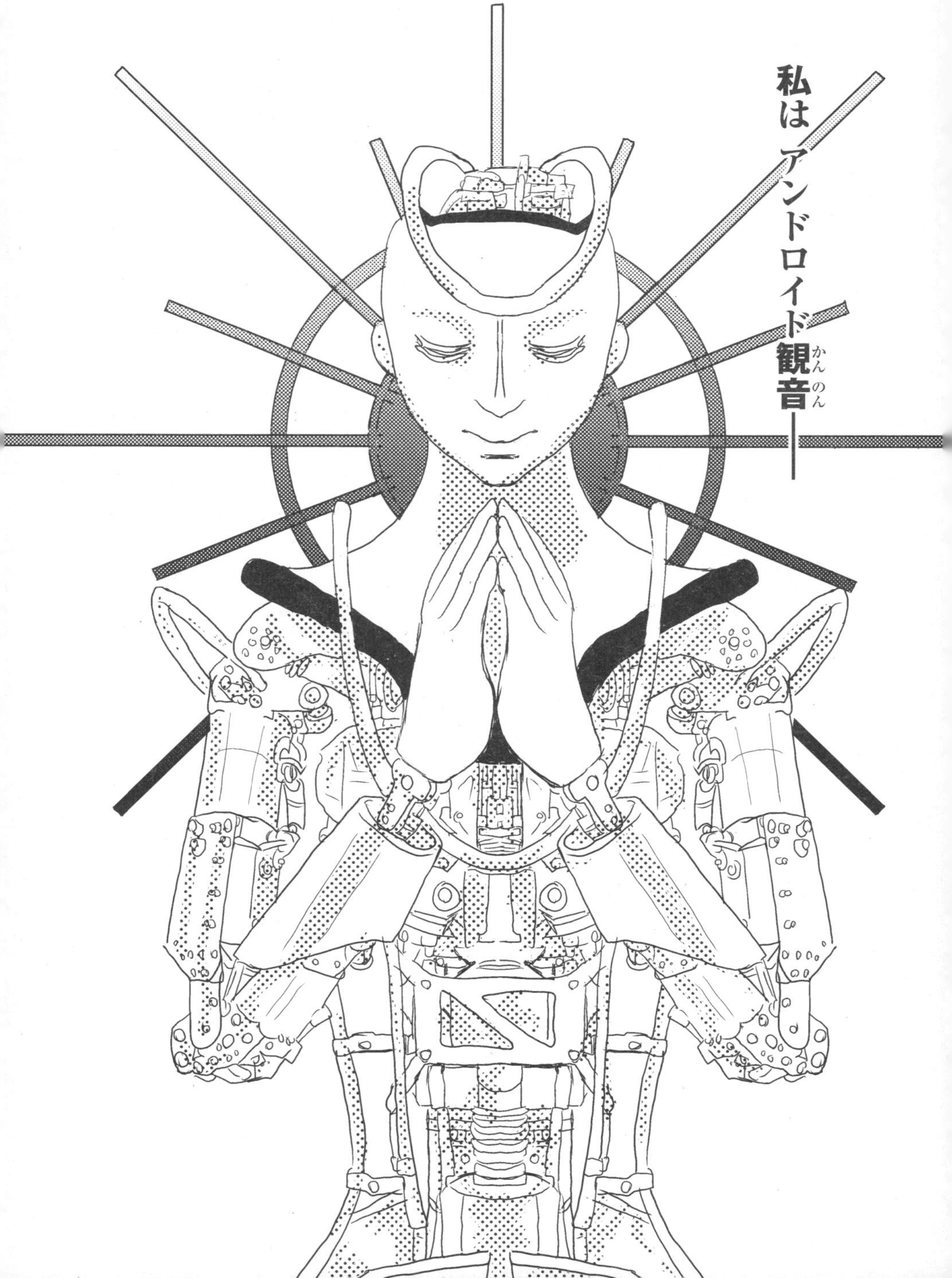
私は アンドロイド観音《かんのん》——

観音《かんのん》すなわち観自在菩薩《かんじざいぼさつ》は
時空を超えて
どんなものにも
姿を変えることができる仏なのだ
迷える人々の声を聞き
悩みをしずめるために
今日はこのように いま人々の
関心を集めるアンドロイドに姿を変えた

迷い悩める人々とともに
お釈《しゃ》迦《か》さまの教えについて
共に考えてみたいのだ
さて
あなたたちは私との対話を通じて
どんな気づきを手にするだろうか

京都　高台寺《こうだいじ》
禅寺《ぜんでら》か…
アンドロイド？

ここが本堂か…

ペコ
おはよう ございます
ペコ
あ おはよう ございます
おとなり いいですか？
静かですね
落ち着きますね…
お一人ですか？

ええ ゆっくり見ようと思って
あなたも?
はい 久しぶりに休みが取れたんで…いろいろ疲れちゃって…
ちょっと京都にでも…と思いましてね
……

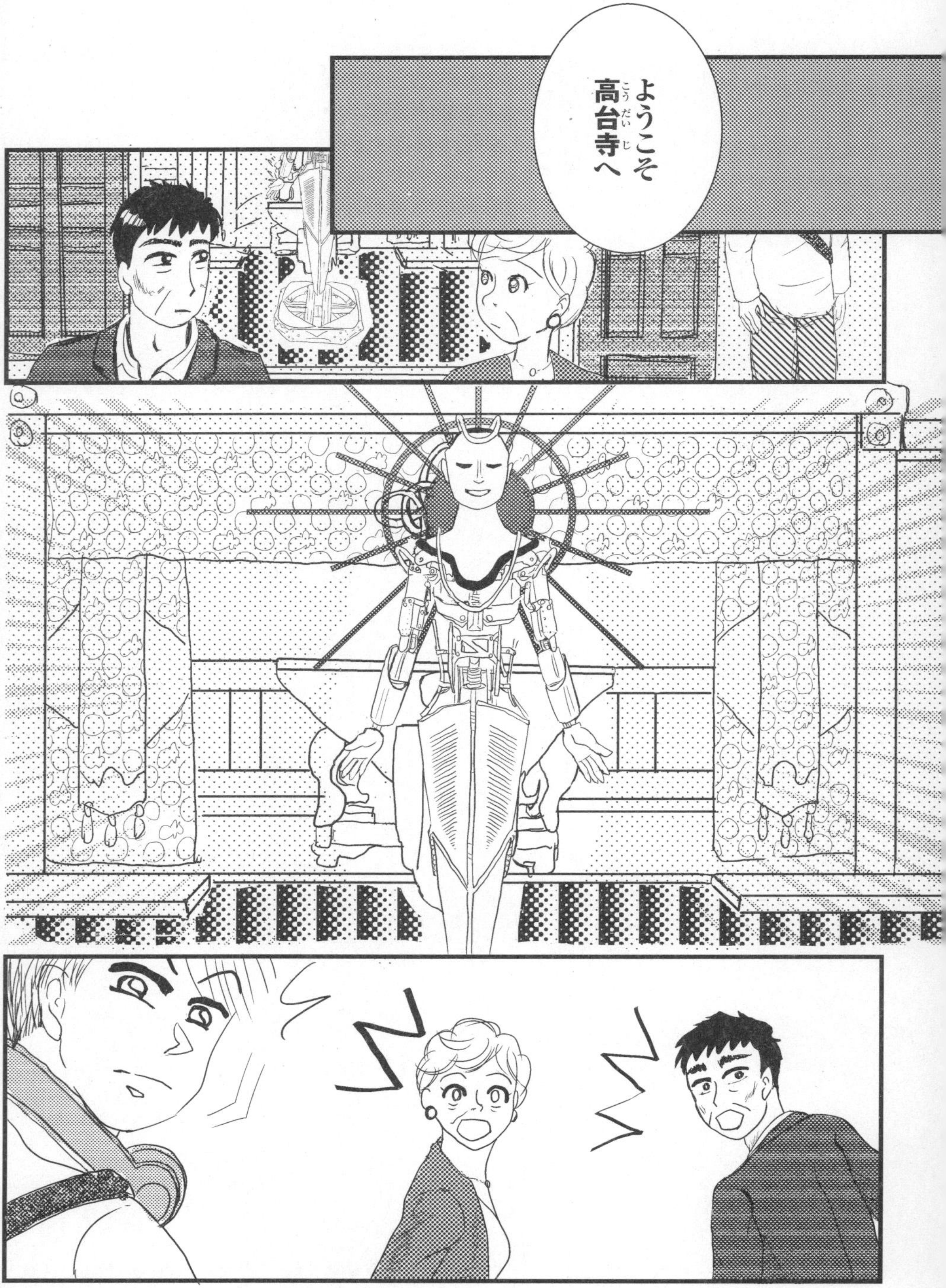
ようこそ高台寺《こうだいじ》へ

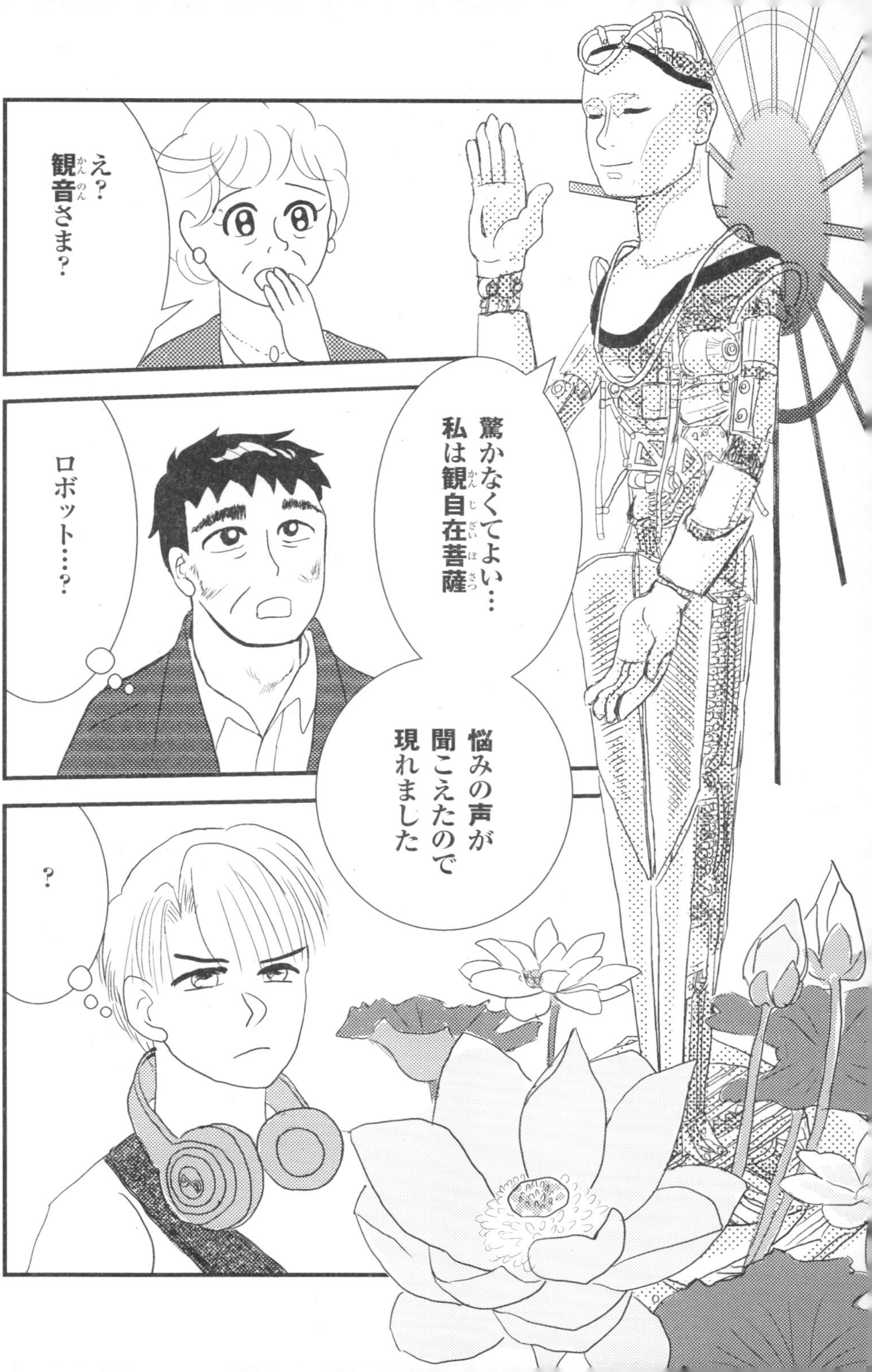
え？
観音《かんのん》さま？
驚かなくてよい…
私は観自在菩薩《かんじざいぼさつ》
悩みの声が
聞こえたので
現れました
ロボット…？
？

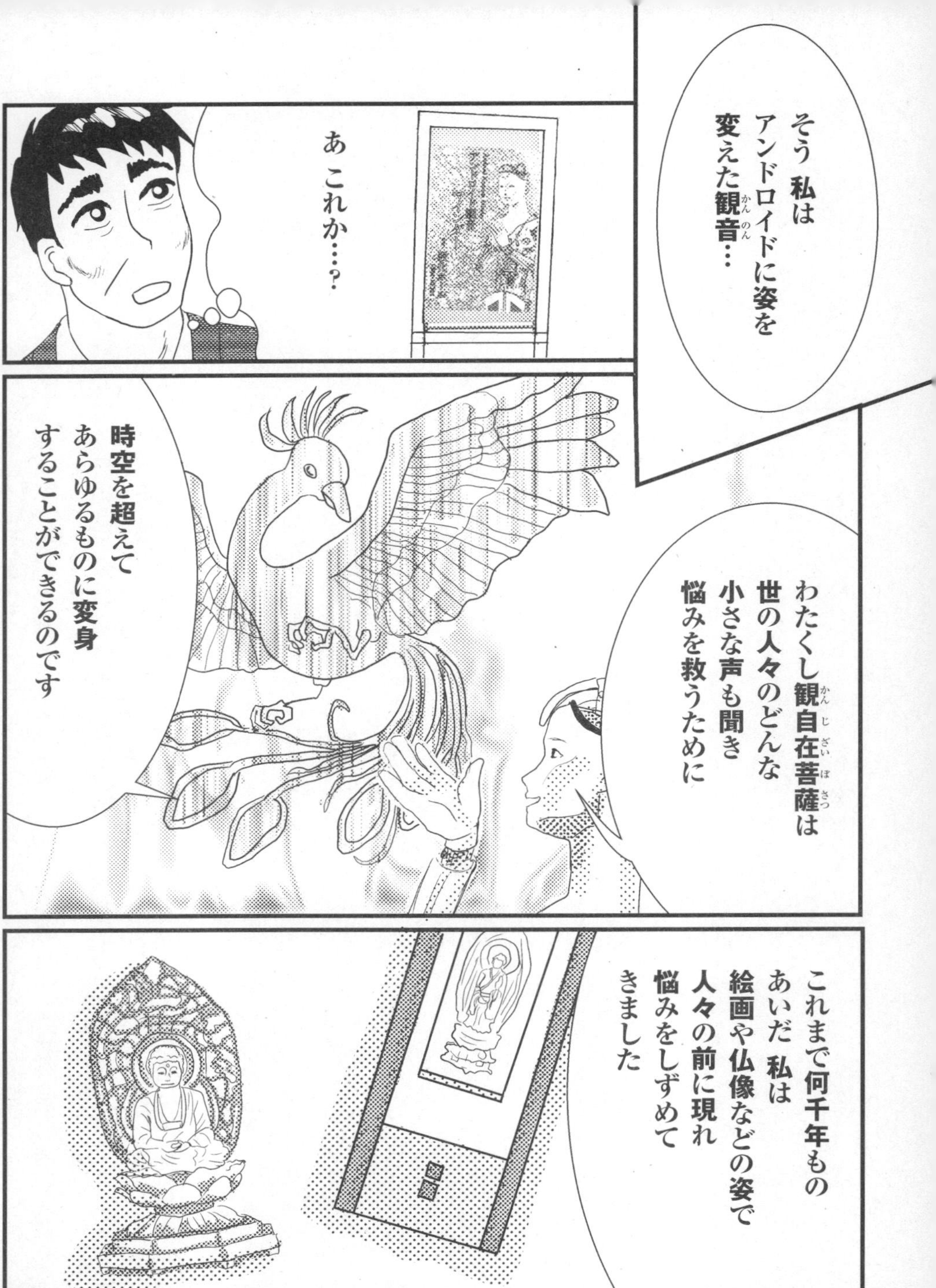
そう 私は
アンドロイドに姿を
変えた観音《かんのん》…
あ これか…？
わたくし観自在菩薩《かんじざいぼさつ》は
世の人々のどんな
小さな声も聞き
悩みを救うために
時空を超えて
あらゆるものに変身
することができるのです
これまで何千年もの
あいだ 私は
絵画や仏像などの姿で
人々の前に現れ
悩みをしずめて
きました

ただ
絵や仏像では
人々とじかに話す
ことができない
しかし
こうしてアンドロイドに
姿を変えれば
あなた方と語り合う
ことができる
あなた方は
何かをかかえて
おられるようだ

仕事のストレスに
家のローン
まだまだ
がんばらないと…
でも
会社だって
いつどうなるか…

もぐ
もぐ
おいしいくらい言えないのかしら…

子供は育ち
夫と二人暮らしだけど
気が合わない…
病気も気になるし
このまま
歳《とし》老いていくだけ…？

ポツン
あなたのやりたいを応援！！
好きを仕事に♡♡♡

悩みなんて…
人に言われたくない

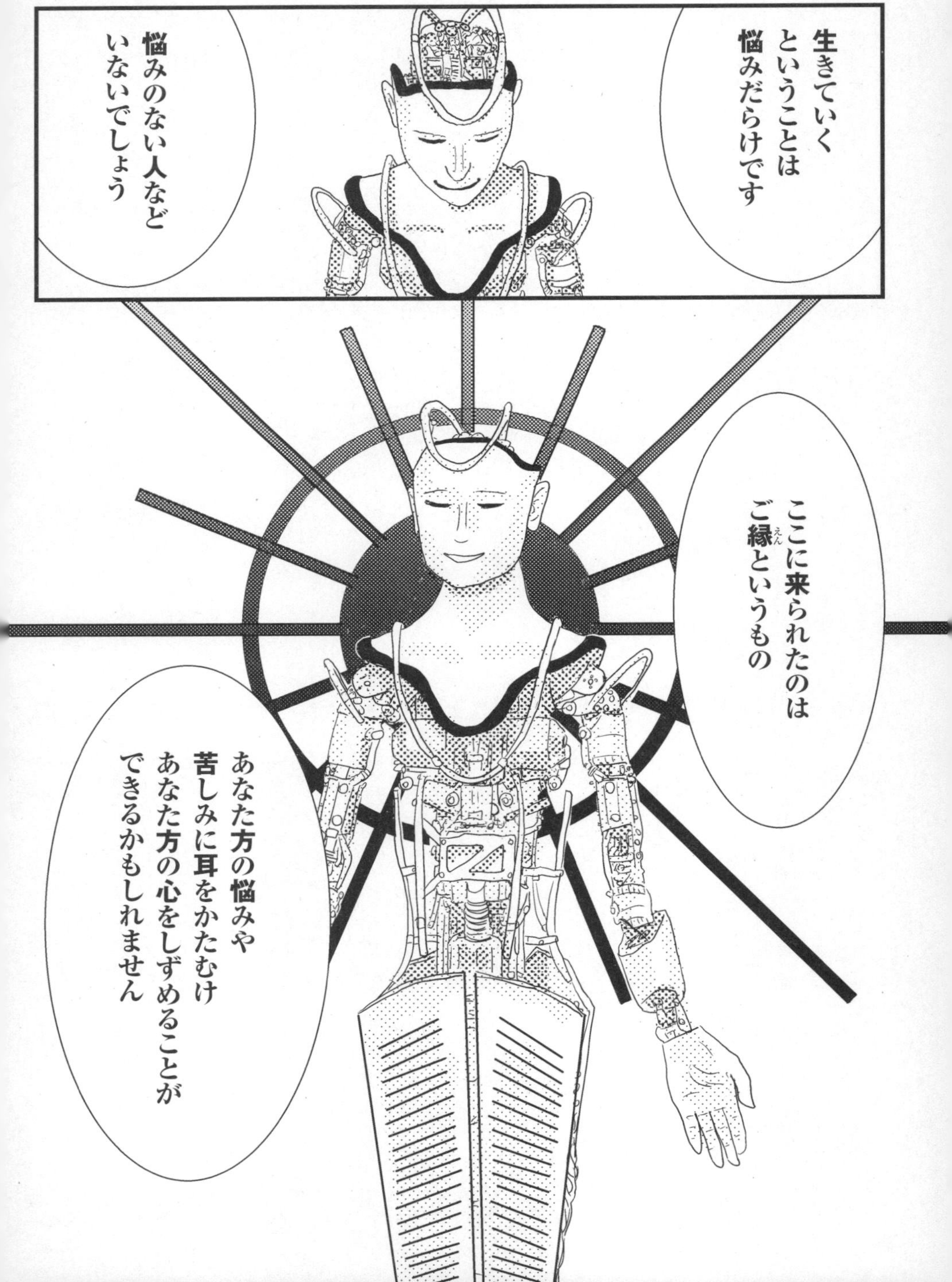
生きていくということは悩みだらけです
悩みのない人などいないでしょう
ここに来られたのはご縁《えん》というもの
あなた方の悩みや苦しみに耳をかたむけあなた方の心をしずめることができるかもしれません

丈方
摩訶般若波羅蜜
多心経
観自在菩薩行深
色不異空空不異
色色即是空空即
是色受想行識亦
復如是舎利子是
あなた方は般若心経《はんにゃしんぎょう》をご存じですか？

名前は知っています…むかし祖母が般若心経《はんにゃしんぎょう》はどんな宗派でも読んでいいありがたいお経だと言っていました
ちょっと変わったお経だと聞いてるけど中身はよく知りません
……

人間には さまざまな欲や心配事があります
人間関係に悩み病気や老いに不安を抱く
あれも欲しいこれも欲しいと思い
なかでも多くの人にとって死ぬことは大きな恐怖でしょう

お釈迦《しゃか》さまも同じでした
そこでお釈迦《しゃか》さまは厳しい修行をされて悟《さと》りの境地に達しあらゆる悩みや苦しみから自由になられた
しかし 誰もがお釈迦《しゃか》さまと同じ修行ができるわけではない
そこで私はお釈迦《しゃか》さまが悟《さと》られたことを必要最小限の言葉にして説き与えました
それが この般若心経《はんにゃしんぎょう》です
般若心経《はんにゃしんぎょう》はお釈迦《しゃか》さまの膨大な教えをたった二六二の文字に凝縮した仏教のエッセンスなのです

般若心経《はんにゃしんぎょう》で何がかなうのですか？
いえ 般若心経《はんにゃしんぎょう》は望みをかなえる魔法ではありません
心の中心に置くべき智慧《ちえ》を説いているのです
智慧《ちえ》…
そう 智慧《ちえ》です
智慧《ちえ》は 頭で考え頭に蓄《たくわ》える知識とは違います
智慧《ちえ》とは真理なのです
真理？

それは あなた方の中に すでにある…
自分の中に？
あなた方は自分の心に とらわれている…
だから苦しい
しかし ありのままの自分に 気づけば 心が自由になる
この気づきを もたらすお経 それが般若心経《はんにゃしんぎょう》 なのです
……
教えてください その般若心経《はんにゃしんぎょう》の 智慧《ちえ》を

そうですね…
般若《はんにゃ》心経《しんぎょう》の教えの中心は「空《くう》」です
般若《はんにゃ》心経《しんぎょう》は「あらゆるものは空《くう》だ」と説いているのです
空《くう》？
簡単に言うと空《くう》とはこの世のすべての物は「存在するように見えて実は存在しない」ということです
なんだそれ

——ごらんなさい
木は一見すると
変化していないように見えるが
春には葉が芽吹《めぶ》き
夏には葉が茂り
秋には葉が色を変え
冬には葉が落ちてしまう
そして いまは
勢いあふれるあの若い木も
年月を重ねるにつれ
やがて老木へと姿を
変え 朽《く》ち果てていく
このように
あの木はずっと
あのままではない
つまりあの木は
存在しているように見える
かもしれませんが
存在していないのです

ちょっと待って…たしかに木は変化するけど
さわれば手ごたえがある
これも
これも
どれもちゃんと存在しているじゃないか
いえ それは一時《いっとき》の仮《かり》の姿なのです
木は一見するとひとつの形で普通に立っているように見えます

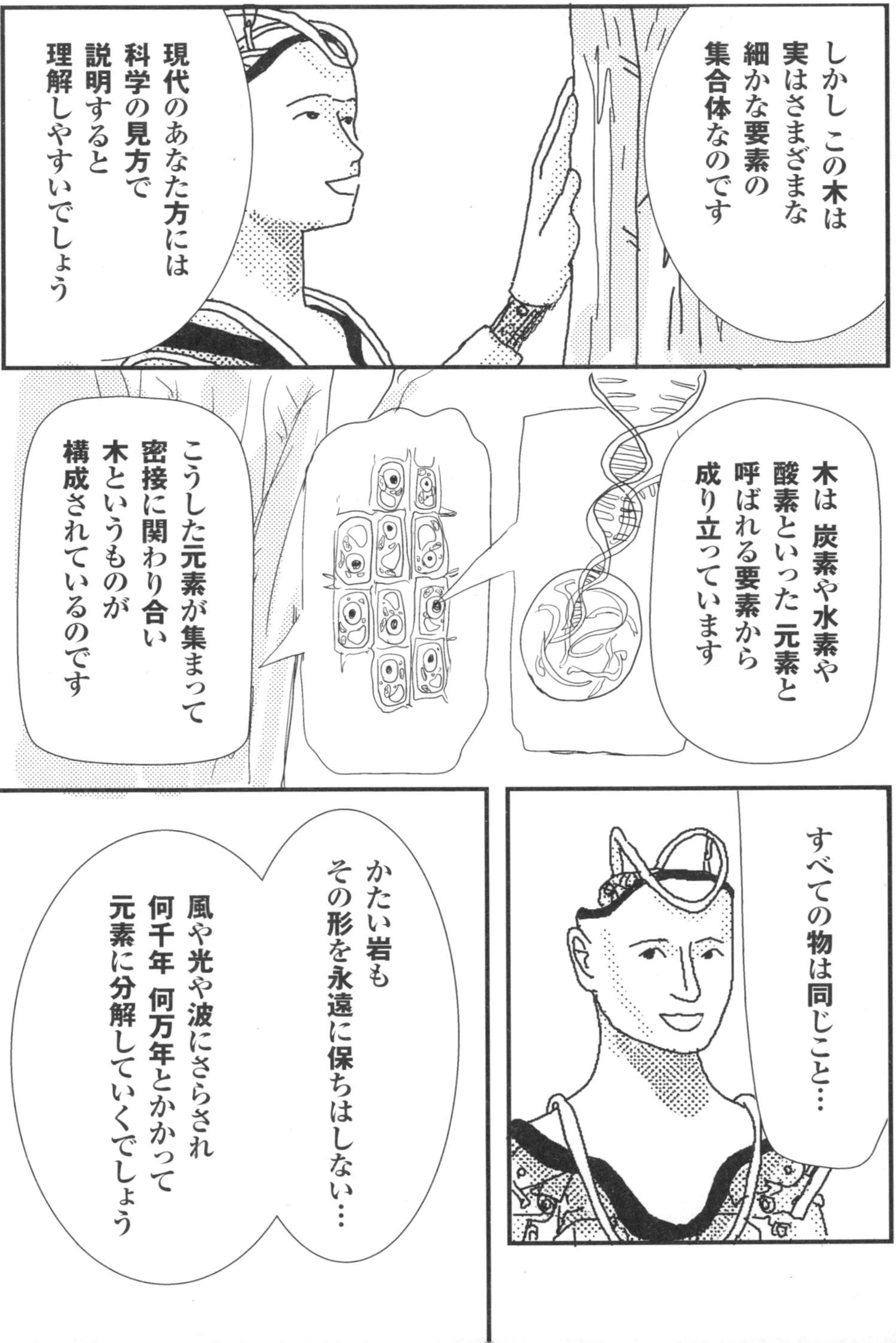
しかし この木は 実はさまざまな 細かな要素の 集合体なのです
現代のあなた方には 科学の見方で 説明すると 理解しやすいでしょう
木は 炭素や水素や 酸素といった 元素と 呼ばれる要素から 成り立っています
こうした元素が集まって 密接に関わり合い 木というものが 構成されているのです
すべての物は同じこと…
かたい岩も その形を永遠に保ちはしない…
風や光や波にさらされ 何千年 何万年とかかって 元素に分解していくでしょう

物はずっと変わらない形で存在していると思っているけれど
違うということか…？
物が決まった性質や姿を保ち続けていると思うのはあなた方の錯覚にすぎないのです
錯覚？
木はさまざまな物に姿を変える…
角材という材料にもなれば家や家具にもなる
仏の姿に彫って立派な仏像になれば人々の礼拝の対象になることでしょう

そして燃やせば炭になる
あなたが木と思っていたものは木ではなくなる
また 木は根を張るための土と水二酸化炭素や太陽のおかげで成長します
このように 木はさまざまな物のおかげで木として成り立っているのです
木だけではありません…
すべての物はさまざまな縁《えん》で結ばれ 複雑に関わり合っています

あなたが確かなものとして存在するように見ていたものは決して確かなものではありません…永遠にその姿を保ち続けることはない
一時《いっとき》の姿を見ているにすぎないのです
これが「存在するように見えて実は存在しない」ということなのです
そしてこれが空《くう》の教えです

まだよく分からないけど…
でも その空《くう》が私たちの悩みと
どう関係があるのですか?
空《くう》こそが
あなた方を
迷いから
救うことが
できるのです
迷い?
そう あなた方の
悩みや心配は
実は悩んだり
心配するような
ことではなかった…
あなたにとって
何の意味も
なかったと
気づけるのです

いろんなことがストレスだし
お金のことも不安だし
気の合わない
人と暮らすのは うんざり…
でも 病気や老いも現実に
なってきた…
やりたいこともないし
話せる友だちもいない…
将来が見通せない…
なんかむなしい

あなた方は いつだって変わらない自分が存在していると思っていませんか？
いつも「自分が 自分が」とまず自分のことから考える
そんな「自分」が存在し続けると思っている
しかし木が朽《く》ち石が風化するようにこの世のすべては永遠ではない
これはあなた方人間も同じです
肉体は日々衰《おとろ》え心も目まぐるしく変化しているはず

そんな自分に
気を取られずに
まわりのものを
ありのままに見て
ごらんなさい
あの お言葉
ですが…
イヤな人とか 老いや病気とか
そういうものは実際にあるし
それがイヤだと思う気持ちは
自分の正直なありのままの
気持ちですけど…
それは ありのままでは
ないのです
こだわっているのです
こだわっている？

インドのガンジス川に行かれたことはあるかな?
行かれたら何と汚いことかと驚かれるでしょう 多くの人が水浴びをしている横で死体が流れているのですから
いっぽうインドの人から見れば左手を使って物を食べる日本人は何と汚いことかと思うでしょう
このように生まれ育ちや環境によって また見方によって 感じ方や考え方は ずいぶん違うのです

あなたが間違いだと思う物事があったとしましょう
それは あなたの目で見たり耳で聞いたりしてそう思っているわけです
つまりあなたの五感を通して物事をとらえ判断している…
しかし他の人にしてみればそれは正しいことかもしれません
このように悩みや苦しみもそして生死さえも世の中のあらゆるものはどっちともとれるのです
そこでお釈迦《しゃか》さまはどちらにもとれるならかたよって考えてはならないと言いました
見たものを自分というフィルターを通さずに感じなさいそれがありのまま見るということです

仏教では
肉体と心は四つの要素と
四つのはたらきが集まって
機能していると考えます

肉体は 生まれる前から
肉体であったわけではなく
四つの要素が集まって出来
上がったものです
出来上がったあと
休みなく変化し続け
やがて死を迎えます
すると再び
四つの要素に分かれて
散っていきます
心のはたらきは 過ぎて
しまえばあとに何も残らない
しかも その心のはたらきの
一つ一つが 形を持っている
わけではない
でもやはり
「いまの自分」と
いうものは 確かに
あるという気が
するんですけど…
いまあなた方は
私の話を聞いて
いますね

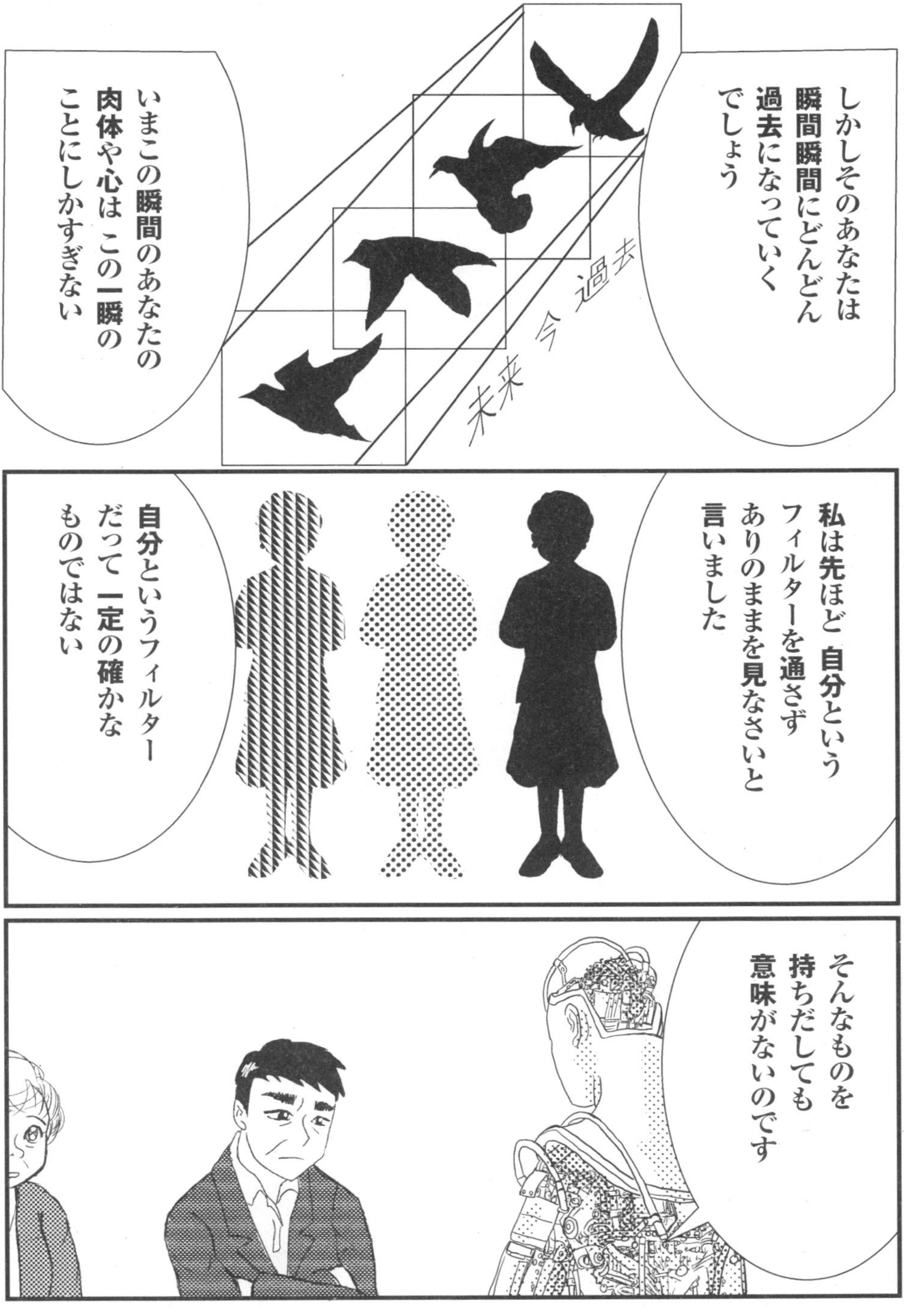
しかしそのあなたは瞬間瞬間にどんどん過去になっていくでしょう
過去
今
未来
いまこの瞬間のあなたの肉体や心は この一瞬のことにしかすぎない
私は先ほど 自分というフィルターを通さずありのままを見なさいと言いました
自分というフィルターだって 一定の確かなものではない
そんなものを持ちだしても意味がないのです

空《くう》の話を聞いているとなんだかむなしい気がしてきた…肉体や心というものはないと言われると生きているのがどうでもよいと思ってしまう
空《くう》とは空《むな》しいという意味ではありません
空《くう》とは永遠ではないということです

いま目の前にある物や心に浮かんでいることは変化しているただ中の一瞬《いっしゅん》にしかすぎません
変化するのだから一時《いっとき》の姿に意味や価値をつけてこだわるなということです
とは言え 空《くう》をすぐに会得《えとく》できるものではないでしょう 空《くう》のことはしばらく置いておくことにして
空《くう》を知ればいかに心が自由になるか そのお話をしましょう

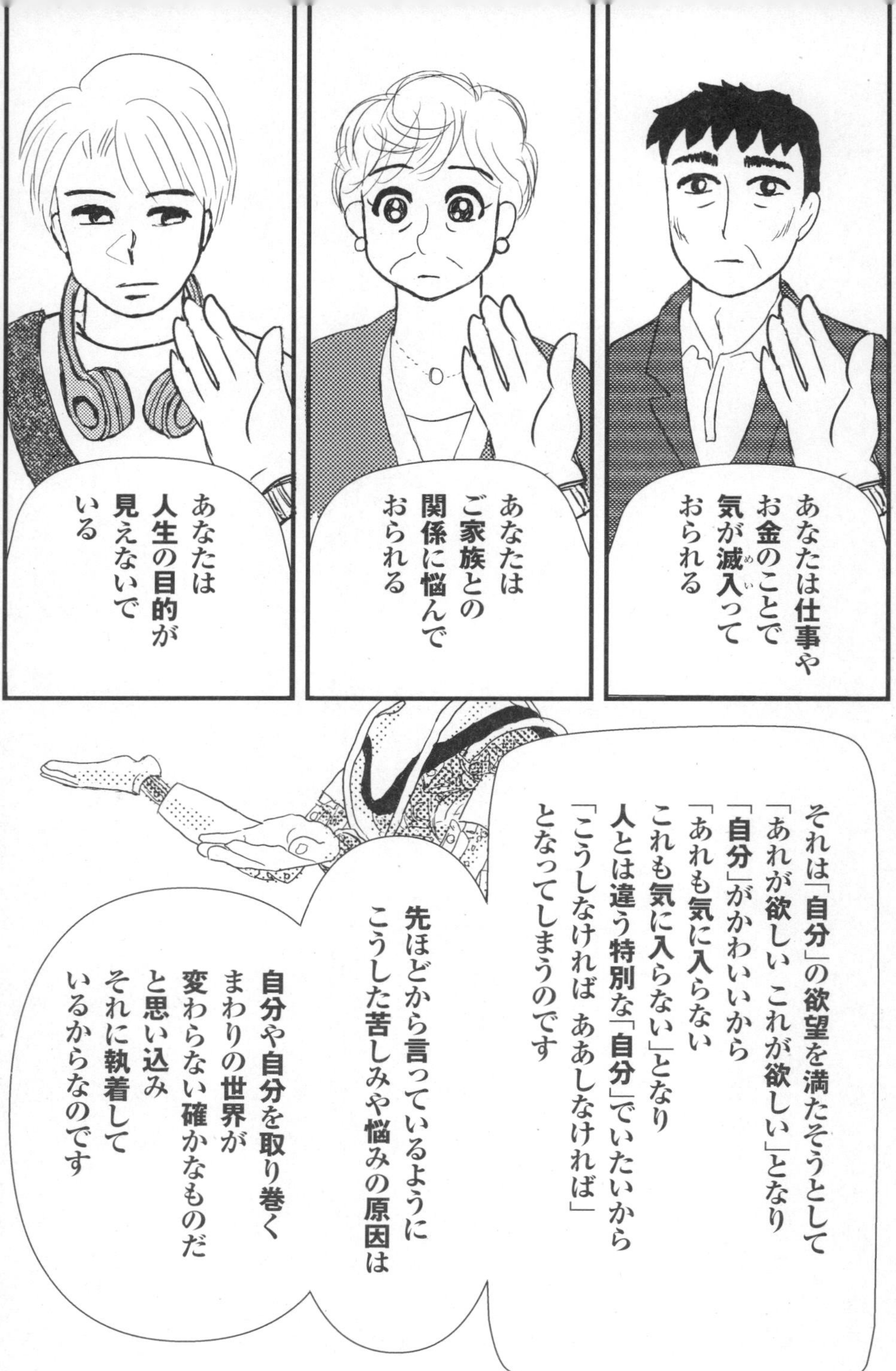
あなたは仕事や
お金のことで
気が滅入《めい》って
おられる
あなたは
ご家族との
関係に悩んで
おられる
あなたは
人生の目的が
見えないで
いる
それは「自分」の欲望を満たそうとして
「あれが欲しい これが欲しい」となり
「自分」がかわいいから
「あれも気に入らない
これも気に入らない」となり
人とは違う特別な「自分」でいたいから
「こうしなければ ああしなければ」
となってしまうのです
先ほどから言っているように
こうした苦しみや悩みの原因は
自分や自分を取り巻く
まわりの世界が
変わらない確かなものだ
と思い込み
それに執着して
いるからなのです

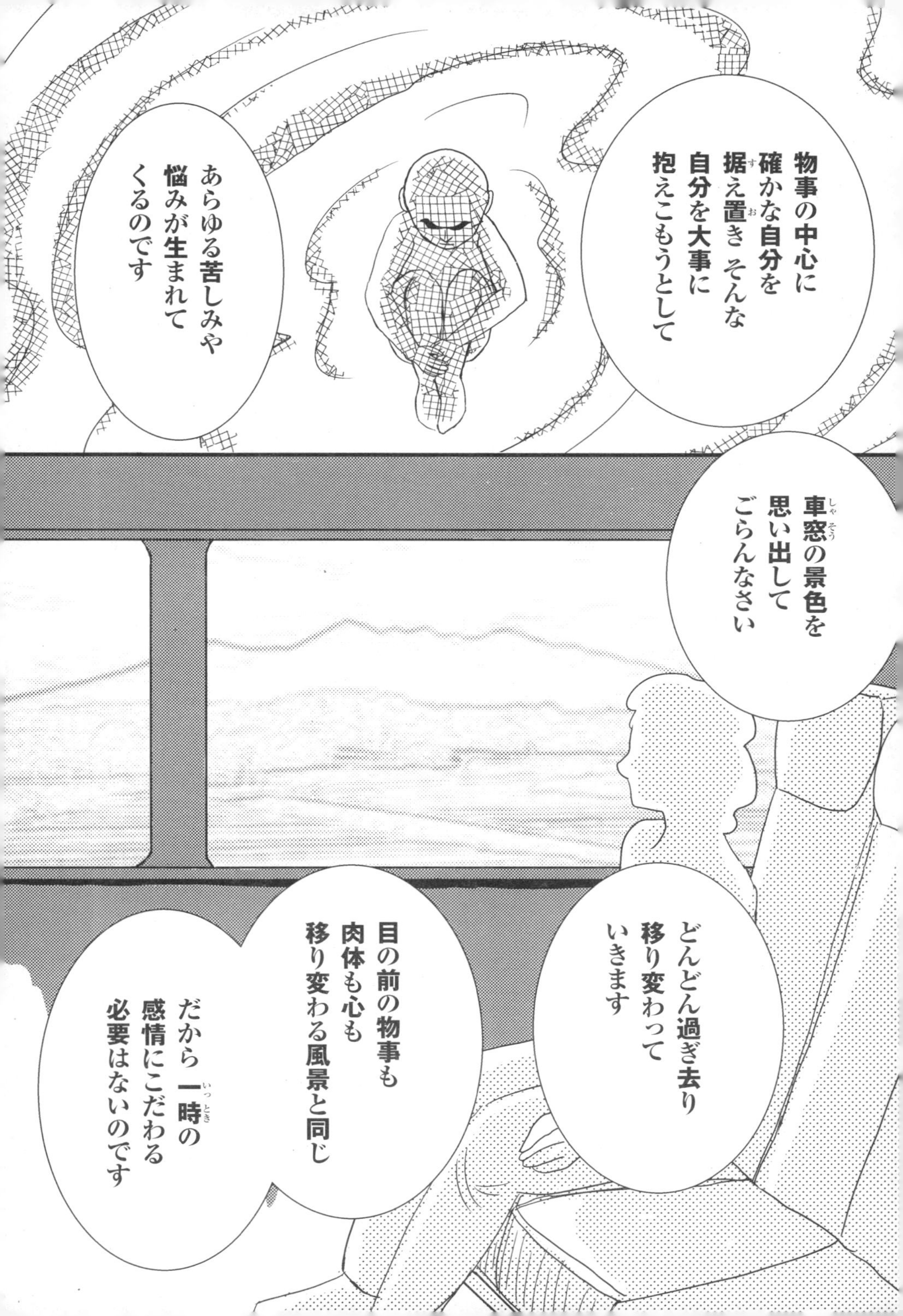
物事の中心に確かな自分を据《す》え置《お》き そんな自分を大事に抱えこもうとして
あらゆる苦しみや悩みが生まれてくるのです
車窓《しゃそう》の景色を思い出してごらんなさい
どんどん過ぎ去り移り変わっていきます
目の前の物事も肉体も心も移り変わる風景と同じ
だから一時《いっとき》の感情にこだわる必要はないのです

変化するということはちょっと分かる気がしますが ただ「ありのまま見る」とはどんなふうに見ることなのかいま一つ分からないのです
ありのまま見るとは無心《むしん》になって見るということです
スポーツ選手がプレーしているとき自分の肉体をこう動かそうとか心をこのようにはたらかせようなどと 考えているでしょうか
あなた方にもそういうことがあるはずです
あなたが何かを夢中でやっているとき自分の眼を意識していますか？

眼に映る物のことも さらには見ていると いうことさえも 忘れてしまっている でしょう?
この素直な心が 「無心《むしん》」です
この景色をごらんなさい
なんと きれいな…
それが あなたの中にある 無心《むしん》の心ですよ

花を見れば ああ花が咲いて いると思い
そばで誰かが 急に倒れたら 見知らぬ人であっても 思わず助けようと する
そんな素直さを あなたは持っている ではありませんか
それが無心《むしん》の 心です
無心《むしん》とは よけいなことを考える ひまもなく 思わずわく 感情なのですね
そう それが ありのままに 見るという ことです

この無心《むしん》こそが空《くう》です
空《くう》とは無心《むしん》であってこだわるものがないこと…
そして それこそが仏《ほとけ》の心なのです
それはあなた方の中にすでにあるのです
無心《むしん》は私自身の中にある?
そう あなたの中にある無心《むしん》に気づけばよいのです

私は余命《よめい》を宣告《せんこく》された人とお話することがあります
死が現実に目の前に差し迫《せま》った方は葛藤《かっとう》の末に いまを生きることに本気になられるのです
生きることに本気?
あなたは死が怖《こわ》いとおっしゃるが…
そう言いながら実は自分が死ぬとは本気で思っておられないのではないか?
え? いや… 人間だから死ぬに決まっているけれど…

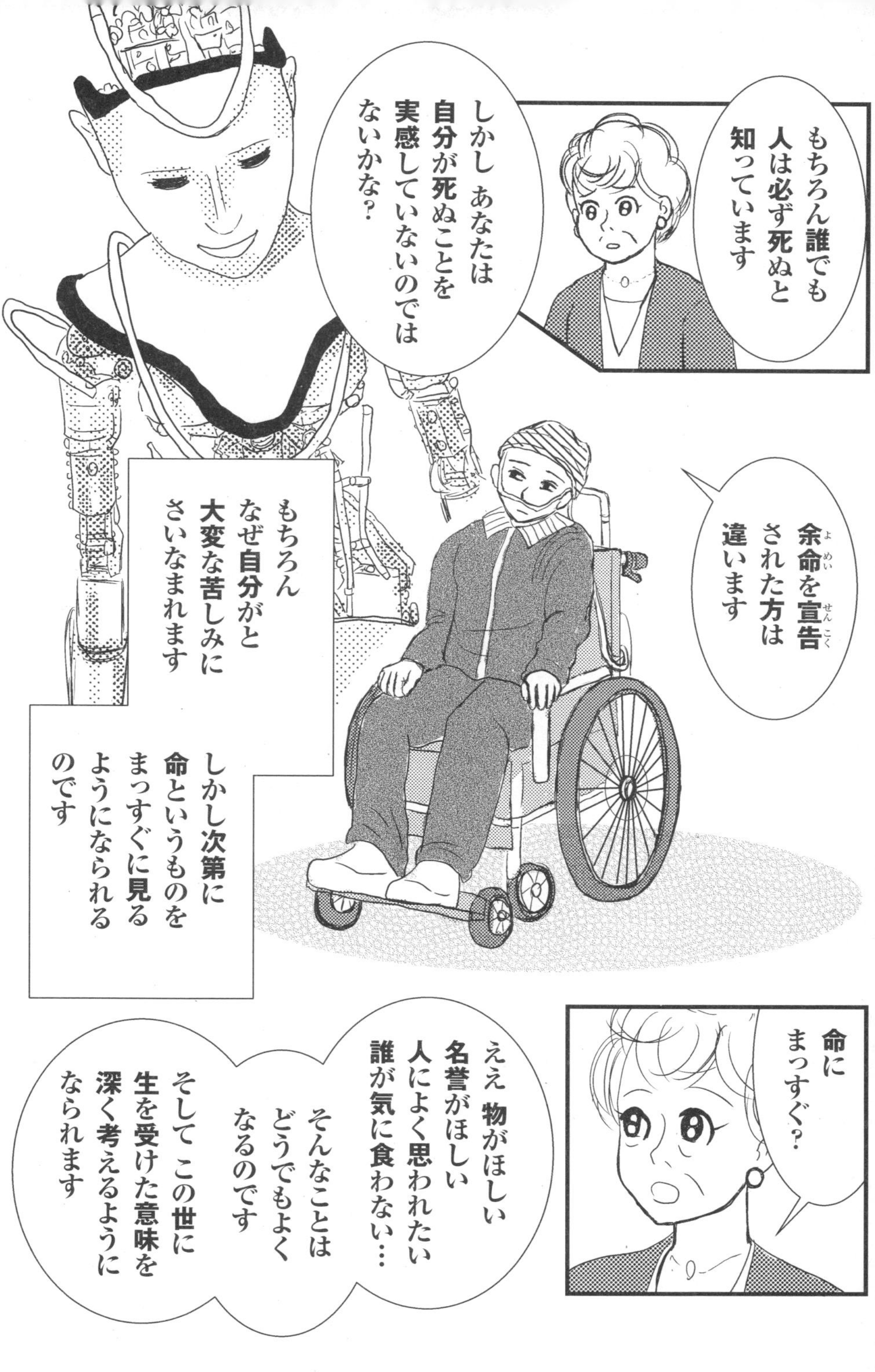
もちろん誰でも人は必ず死ぬと知っています
しかし あなたは自分が死ぬことを実感していないのではないかな？
余命《よめい》を宣告《せんこく》された方は違います
もちろん なぜ自分がと大変な苦しみにさいなまれます
しかし次第に命というものをまっすぐに見るようになられるのです
命にまっすぐ？
ええ 物がほしい 名誉がほしい 人によく思われたい 誰が気に食わない… そんなことはどうでもよくなるのです
そして この世に生を受けた意味を深く考えるようになられます

すると自分以外の人のことを　心の底から大切に思われるのです
命あることがいかに奇跡的《きせきてき》であるかに気づいて　生きとし生けるものすべてを愛《いと》しく思われるのです
自分の命の最大の活かし方…
それは他者のために活かすことだと悟《さと》られるのです
これこそ無心《むしん》の空《くう》の姿です
いまのあなた方が同じ気持ちになるのは難しいかもしれません
しかし…

ただ ちょっと想像してごらんになるといい
生を受けたことに感謝して美しいものも汚いものもよいことも悪いこともわが人生と思ってみてはどうでしょう?
逆に言えばこの世の中には自分の物だと言える物など何一つありません
自分の思い通りになると考えていた肉体や心ですら決して自分の自由にはならない
ある和尚《おしょう》は樹齢《じゅれい》百年の大木が大嵐で倒れ寺の屋根がこわれたのを見てこう言いました
そういうものだ
このように 何事も受け入れる心《こころ》持《も》ちがとらわれない心なのです

そう言えば…
自分の考えにこだわるあまり我《が》を張ってしまうことがあるなあ
そうかもしれませんね…
このあいだも息子夫婦と孫の入学先でケンカになったけど…

ん？
いや部下とやり合ったり娘と衝突《しょうとつ》したりね…
私も息子夫婦と意見が合わなくて…
でもこだわるほどのことでもないか…
ええ…私もたいしたことじゃなかったかも……
ぼくは何を欲しがっているんだ…？何に焦《あせ》ってるんだ…？

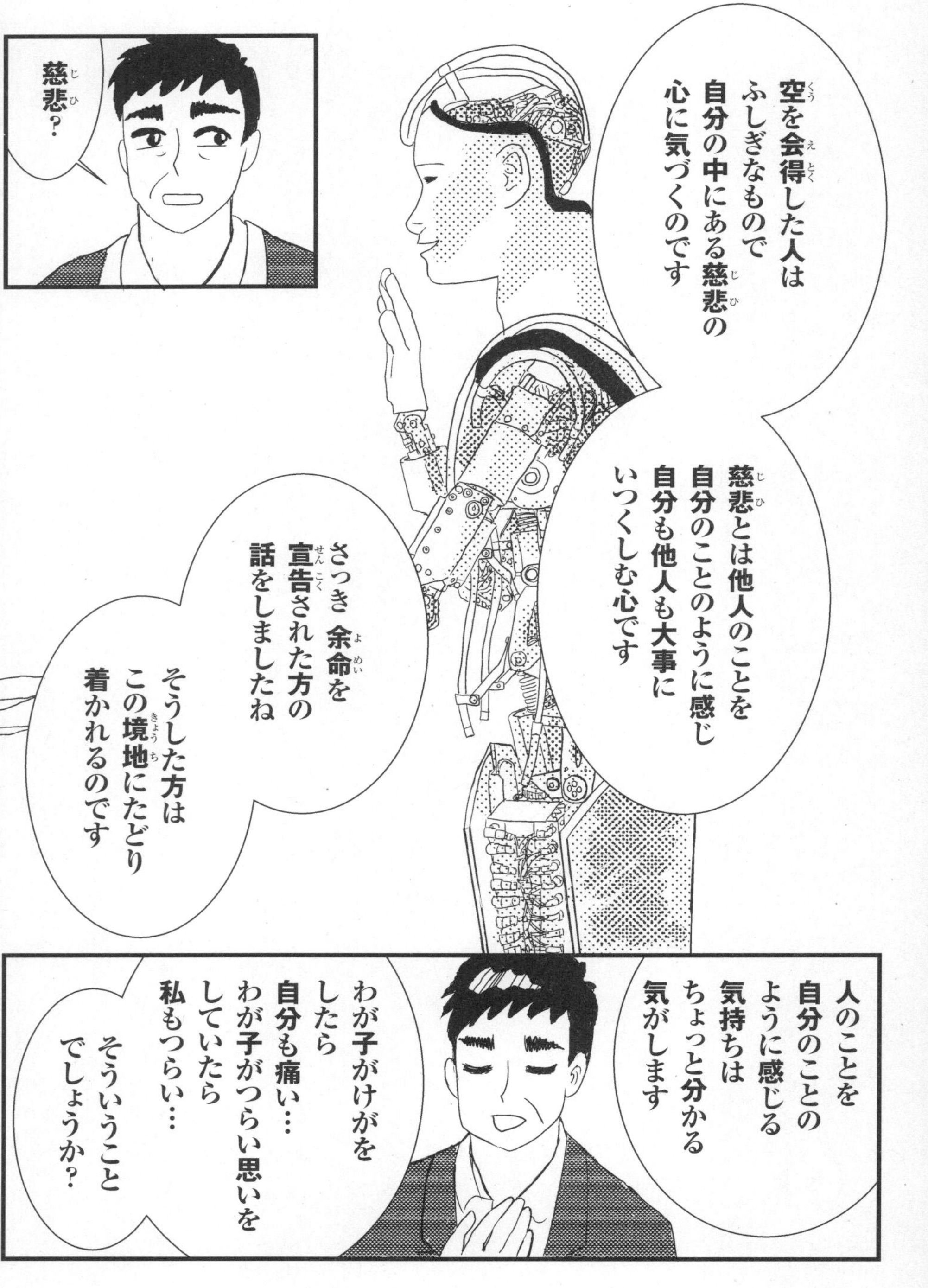
空《くう》を会《え》得《とく》した人は
ふしぎなもので
自分の中にある慈悲《じひ》の
心に気づくのです
慈悲《じひ》？
慈悲《じひ》とは他人のことを
自分のことのように感じ
自分も他人も大事に
いつくしむ心です
さっき 余命《よめい》を
宣告《せんこく》された方の
話をしましたね
そうした方は
この境地《きょうち》にたどり
着かれるのです
人のことを
自分のことの
ように感じる
気持ちは
ちょっと分かる
気がします
わが子がけがを
したら
自分も痛い…
わが子がつらい思いを
していたら
私もつらい…
そういうこと
でしょうか？

ええ そうです 他者と自分が 同一になるのです
もし わが子がおぼれそうに なっていたら もし 火に包まれそうに なっていたら… あなたは どうしますか？
もちろん 助けます！ 水でも火でも 飛び込んで 助けますよ
そうですね 親は自分の 身を捨ててでも 助けたいと 思うものです
自分を犠牲に してまでも 他者を救う心… これも慈悲《じひ》です

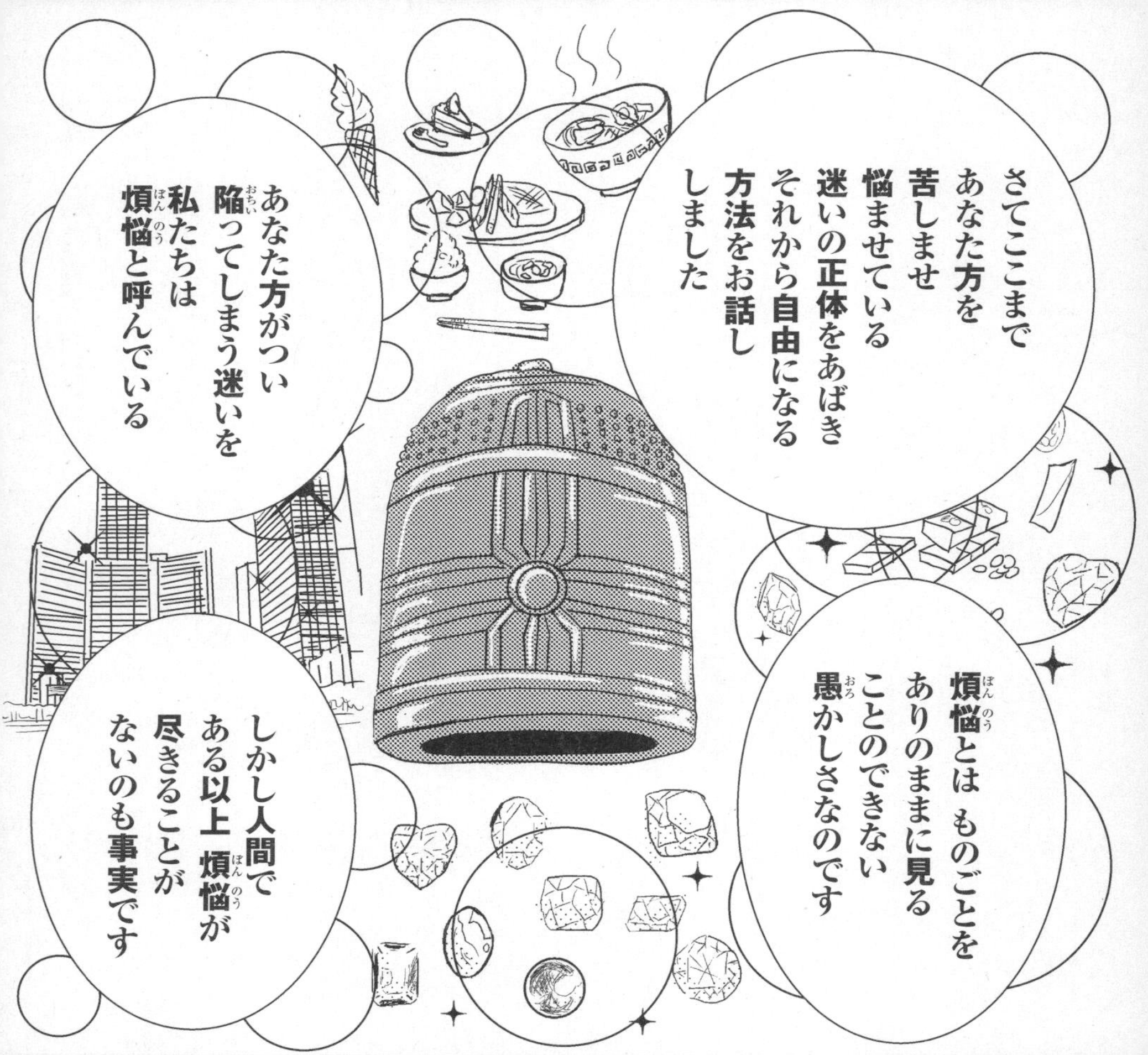
さてここまで あなた方を 苦しませ 悩ませている 迷いの正体をあばき それから自由になる 方法をお話し しました
あなた方がつい 陥《おちい》ってしまう迷いを 私たちは 煩悩《ぼんのう》と呼んでいる
煩悩《ぼんのう》とは ものごとを ありのままに見る ことのできない 愚《おろ》かしさなのです
しかし人間で ある以上 煩悩《ぼんのう》が 尽きることが ないのも事実です

お釈迦《しゃか》さまが 出家されたのも 年老いていくこと 病気になること そして 死ぬということから 逃《のが》れられない現実に苦しみ 悩まれたからでした
どうすれば この苦しみを 乗り越えられるのだろうと 厳しい修行を重ね その果てに空《くう》の境地を 悟《さと》られたのです

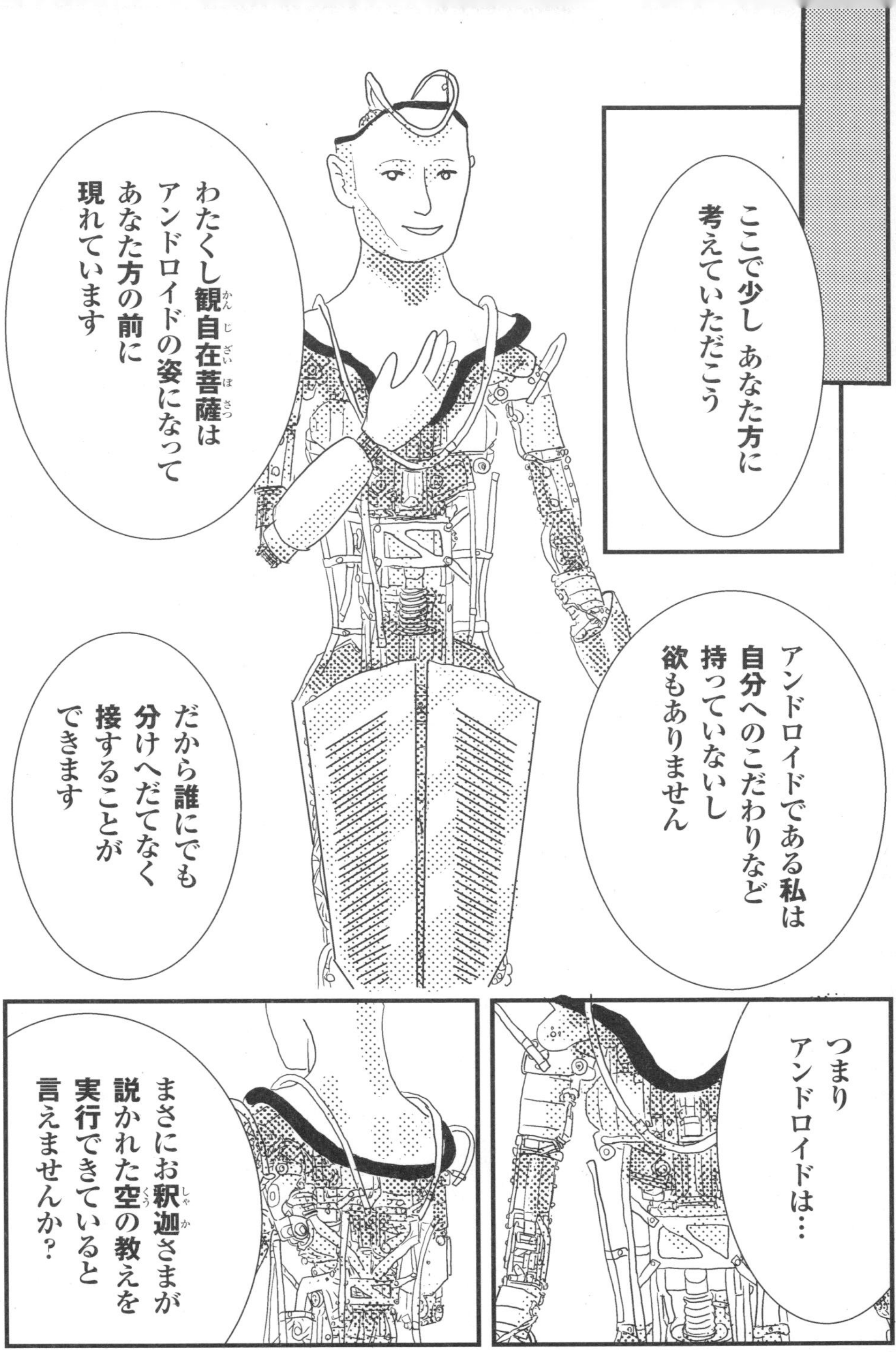
ここで少し あなた方に考えていただこう
わたくし観《かん》自《じ》在《ざい》菩《ぼ》薩《さつ》はアンドロイドの姿になってあなた方の前に現れています
アンドロイドである私は自分へのこだわりなど持っていないし欲もありません
だから誰にでも分けへだてなく接することができます
つまりアンドロイドは…
まさにお釈《しゃ》迦《か》さまが説かれた空《くう》の教えを実行できていると言えませんか？

ん…？
いえ…何かちょっと違う気がします…
お釈迦《しゃか》さまの空《くう》とアンドロイドの空《くう》は違う気がするのです…
あ…！
アンドロイドには苦しんだり悩んだりする心がない！

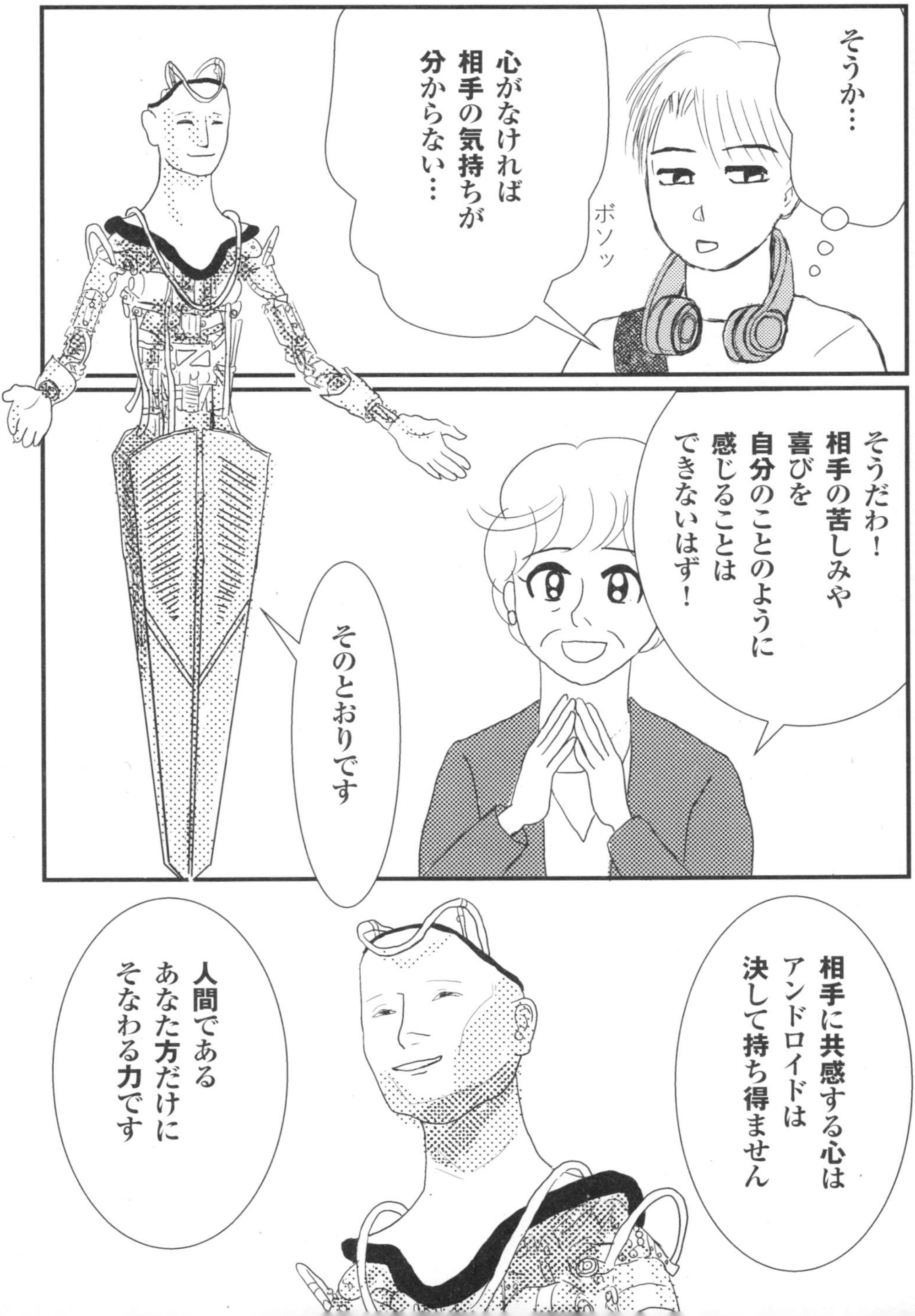

そうか…
ボソッ
心がなければ相手の気持ちが分からない…
そうだわ！相手の苦しみや喜びを自分のことのように感じることはできないはず！
そのとおりです
相手に共感する心はアンドロイドは決して持ち得ません
人間であるあなた方だけにそなわる力です

人間の心は時《とき》として苦しんだり悩んだりするが…
この心のおかげで他人の痛みを自分の痛みとして分かち合うことができるのです
部長もいろいろ悩んでいるみたいだな
夫だってほんとうは楽しい家庭にしたいはずよね…
あいつもいつも一人だな

苦しみや悩みは人間であるからこそそなわる心…だからこそ人の苦しみや痛みが分かり共有できる
そして人の助けになりたいという思いが生じるのです
そうか…
私たちはどうしても煩悩《ぼんのう》が生じる
だからこそ空《くう》を知る必要があるということか…
空《くう》を知れば自分と相手をへだてる意識がなくなって相手のことを自分のことのように感じる…
それが慈悲《じひ》の心………!

そして 慈悲《じひ》とは人を救うことだけに限りません
誰かの助けになることをしていたつもりが気がつけば自分が救われていることもあるのです
誰にでも分けへだてなく接し共感して寄りそうことができれば結果として自分もまた幸せになっていくのです
このような互いが互いの幸せを願い合える世界…
それが空《くう》の世界です
そこには 人を押しのけるような私も自分を主張してやまない私も存在しません
自分のために頑張れないなら…まずは誰かのために頑張ってみるのもいいかもしれない…

空《くう》の世界が おぼろげながら 分かった 気がします
ただ… 正直言って これから先 煩悩《ぼんのう》に振り回されずに 生きていく 自信がありません…
煩悩《ぼんのう》に振り回されていると 気づくだけで たいしたものです
無心《むしん》に戻ろうという 気持ちが 出来上がって いるわけですから
欲や怒りが あなたの心に わき上がったときに どうすればよいか
あなた方に この言葉を 贈りましょう

ぎゃーてー
ぎゃーてー
はーらー
ぎゃーてー
はらそう
ぎゃーてー
ぼーじー
そわか
ぎゃーてー
ぎゃーてー？
これは何ですか？
空《くう》の教えを理解できたときに味わえる深い響《ひび》きを持った言葉です
煩悩《ぼんのう》に振り回されそうになったときこの言葉を唱《とな》えなさい
ただ唱《とな》えるだけでよいのですか？

ええ ただ唱《とな》える だけでよいのです
この言葉は 人に 本来そなわっている 力を引き出すもの…
煩悩《ぼんのう》に振り回されて 周囲が見えなくなって いるなと思ったら 繰り返し何度も唱《とな》えるのです
すると ざわめいていた 肉体や心は 落ち着きを 取り戻すはずです…
ぎゃーてー ぎゃーてー はーらーぎゃーてー はらそうぎゃーてー ぼーじーそわか
ぎゃーてー ぎゃーてー はーらーぎゃーてー はらそうぎゃーてー ぼーじーそわか

あらゆる物は永遠ではなく
互いに縁《えん》を結びながら
常に変化し続けている…

一時《いっとき》の姿に惑《まど》わされて
苦しみや悩みを抱え込むな
そうしたことは放って投げて
ありのままの心で懸命に生きよと
お釈迦《しゃか》さまは
言っておられるのです

この空《くう》の教えをあなたの心に深く沈ませて
それでも煩《ぼん》悩《のう》が生じたとき繰り返し唱《とな》えることです
ぎゃーてーぎゃーてーか・・・
そうすればあなたを再びあるがままの空《くう》の世界へ連れ戻してくれるでしょう

般若心経《はんにゃしんぎょう》は 仏教の教えの
エッセンスです
その成り立ちをお話しましょう

お釈迦《しゃか》さまの時代、インドにマガダ国という国があり、その首都の
王舎城《おうしゃじょう》の霊鷲山《りょうじゅせん》で、お釈迦《しゃか》さまはたくさんの教えを説かれていました
あるときお釈迦《しゃか》さまは、深い瞑想《めいそう》に入っておられました
そこでわたくし観自在菩薩《かんじざいぼさつ》がお釈迦《しゃか》さまに代わって、弟子の舎利弗《しゃりほつ》に
教えを与えました
それが般若心経《はんにゃしんぎょう》です

時がたち、この般若心経《はんにゃしんぎょう》を中国に持ち帰ったのが、玄奘三蔵法師《げんじょうさんぞうほうし》という高僧です

玄奘三蔵法師《げんじょうさんぞうほうし》とは、西遊記《さいゆうき》で有名な三蔵法師《さんぞうほうし》のことで、このインドに仏典を求めた旅を面白くお話にしたのが孫悟空《そんごくう》、猪八戒《ちょはっかい》、沙悟浄《さごじょう》が登場する「西遊記《さいゆうき》」です

この旅はたいへん過酷《かこく》で、仏典を中国に持ち帰るまでに一七年かかりました

インドに着いた三蔵法師《さんぞうほうし》はナーランダ僧院で勉強し、仏典を中国語に訳していきました

三蔵法師《さんぞうほうし》が集めた仏典は一三三五巻にものぼり、帰国後も生涯をかけて訳していきました

この中に「大般若経《だいはんにゃきょう》」という膨大なお経があり、この教えを凝縮したのが般若心経《はんにゃしんぎょう》なのです

アンドロイド観音「マインダー」をお迎えして

京都　高台寺　常任教師
後藤典生

お釈迦様が亡くなられたあと、その教えは弟子や信者によって少しずつ伝えられていきました。しばらくは、お釈迦様が絵に描かれることも仏像が作られることもありませんでしたが、そのうちストゥーパ（墓）や建造物が建てられ、その周りにレリーフが施されて、そこに仏様の姿が描かれるようになりました。

このレリーフの仏様がポンと抜け出て立体の仏像が生まれました。お釈迦様が亡くなられて五百年ほど経ったころだと思われます。それ以来さまざまな仏像が作られ進化してきました。

それまでは教えだけで伝えられてきた仏教が、仏像を通して語られることで分かりやすくなり、世に広まるようになりました。また仏像は、教えだけを伝えるのではなく、病気治癒、極楽浄土、国家安穏、悪魔退散守護、人生安楽などの願い事の対象となって、それゆえに仏教が爆発的に広がったと考えられます。

それから二千年、仏像にそれほど根本的な進化がありませんでした。そこで私たちは、新しい仏像を作ろうと考えました。動き、語りかける仏様です。

観音菩薩は、私たちを救い助ける仏様です。願い事を唱えれば、それを聞き届けてくれる慈悲の仏様でもあります。また観音菩薩は、いろんな姿に変身する仏様でもあります。そこで私たちは、現代の仏像としてアンドロイドに変身していただこうと考えました。それがこのたび高台寺にお迎えした、アンドロイド観音「マインダー」です。

まずは、私たち現代人にも分かりやすく説いた般若心経の心を語っていただきます。教えの内容は、生老病死の苦悩からの脱却です。生老病死は、お釈迦様が最も苦労された苦しみで、この苦悩を乗り越えるために幾多の厳しい修行をされたのです。

さらにマッピングの映像を施して、コンピューター制御で観音様と現代人との対話を表現し、英語と中国語の字幕を付けました。
高台寺ではこの対話の様子を定期的に公開し、現代の人びとに心の安らぎを得ていただきたいと考えています。

このアンドロイド観音の企画には、多くの専門家が参集しました。製作には、ロボット工学の研究で知られる大阪大学石黒研究室の一員、小川浩平氏が中心となり、観音が般若心経の教えを説くシナリオは、建仁寺の坂井田泰仙氏と雲林院宗碩氏、花園大学の本多道隆氏が教義の厳密な解釈をもとに分かりやすく親しみやすく作成しました。
本書は、このシナリオをベースに描かれています。

仏像の誕生から二千年を経て初めて、語りかける仏様ができました。仏教の底流に流れる寛容かつ利他の精神が世界の多くの人びとに届き、心の安寧を願って製作した観音様です。

なぜ観音菩薩がアンドロイドなのか？

小川浩平
大阪大学大学院基礎工学研究科講師

京都東山の禅寺・高台寺に、二〇一九年二月アンドロイドの観音菩薩がやってきた。教化ホールの正面に観音菩薩が据えられ、それを取り囲むように、四方の壁や天井に大勢の人がプロジェクションマッピングで映し出される。アンドロイド観音が彼らの悩みに耳を傾けながら仏教の教えを説く仕掛けである。

この観音菩薩の製作には、夏目漱石のアンドロイドで知られる大阪大学の石黒浩さんの研究室が協力した。

およそ二千五百年の歴史を持ち、日々に生きる人々を導いてきた仏教と、最先端のテクノロジーが生んだ疑似的存在アンドロイドは、あまりに異質な組み合わせに見える。なぜ観音がアンドロイドなのか？　製作の中心となった小川浩平さんに話を聞いた。（聞き手：艸場よしみ）

アンドロイドは現代の仏像

……なぜアンドロイドの観音菩薩を作ったのですか？

小川　私たちは、ロボットと人の対話について研究をしています。ロボットと人はどのようにコミュニケーションするのか？　ロボットがしゃべったことを人間は共感を持って受け止めるのか？　どんなロボットをデザインすれば人間がそのメッセージをちゃんと受け入れて共感できるのか？　といったことが研究のメインテーマです。

いっぽう高台寺は、以前から科学技術で仏教の新しい道を切り拓くことに関心があったようです。たまたま話す機会があって、ディスカッションしているうちにアンドロイド観音とプロジェクションマッピングの企画が持ち上がりました。

……とは言え、仏教とアンドロイドは対極にあるように思います。なぜ観音をアンドロイドで作ることに関心を持ったのですか？

小川　端的に言えば、私たちが積み重ねてきた研究の仮説が、アンドロイド観音を製作することで非常に分かりやすく説明できる可能性があると思ったのです。

……どういう仮説ですか？

小川　人は、想像力によってロボットの存在感をより感じるという仮説です。人がロボットと対話するとき、想像の余地があるほうが両者はうまく対話できるのではないかと、私たちは考えています。その仮説を実証するため、今回の企画に純粋に研究目的で参画しました。

……その研究は後ほどくわしくお聞きするとして、それにしても観音菩薩がロボットとは突飛です。

小川　そうでもないのです。高台寺の方と話しているうちに、なるほどと思ったことがあります。

仏教が誕生した当初は、経典も仏像もありませんでした。あるとき誰かが、「仏は亡くなっているけれど、絵にすればまるで仏がしゃべっているかのように感じられるのではないか」と考えて、仏画が描かれた。しばらくして「仏の姿に彫れば、もっとリアリティがあるんじゃないか」と、レリーフが彫られた。さらにしばらくして、「立体の像を作れば、さらにリアリティが増すんじゃないか」と、仏像が作られた。こうして人びとは、想像の中にある仏を、実体の絵や形にして表現しようとしてきました。現代において、それが今回のアンドロイドなのです。

さらに、仏教がその教えを伝えるために絵を描き仏像を作ってきたことと、私たちがロボットを使って研究していることが、一致していることに気づいたのです。

アンドロイド観音が喚起する想像力

……どういうところが一致していると？

小川　順を追って説明しましょう。

私たちの研究の大きなテーマは、人間は人と関わるときに、何を基盤として関わり、関係性を築いているのか、ということです。それはまず言葉でしょう。しかし私たちはこれまでの研究から、むしろ人は想像で他者と関わっているのではないかという仮説を立てました。

……想像で関わるとは？

小川　たとえば前に作った夏目漱石のように、誰かにそっくりなアンドロイドがあったとします。そんなアンドロイドは、しゃべらなくても夏目漱石だと分かります。しかし、誰とも分からない顔だったときはどうでしょう。私たちは、その人となりを想像するしかありません。このような場合、相手の印象をポジティブにとらえることが分かってきました。

……ポジティブにとらえるとは、どういうことですか？

小川　たとえば、あなたが通販で物を買おうとしたり家電に不具合が起きたりして、サポートセンターに電話したとします。話しながら、電話口に出た人物の顔を想像で思い浮かべてはいませんか？　ではその顔はどんな顔でしょう？

声音によって触発はされるでしょうが、あなたにとって嫌な悪い顔ではないはずです。このように、人間は想像の余地があるときには、マイナス寄りではなくポジティブ寄りに想像が働くことが、これまでの研究によって分かってきたのです。

……そう言えば高台寺のアンドロイド観音は、性別も年齢も不明で、特徴のない顔つきになっていますね。

小川　ええ。実は、何かにそっくりに作るよりも、想像の余地を残

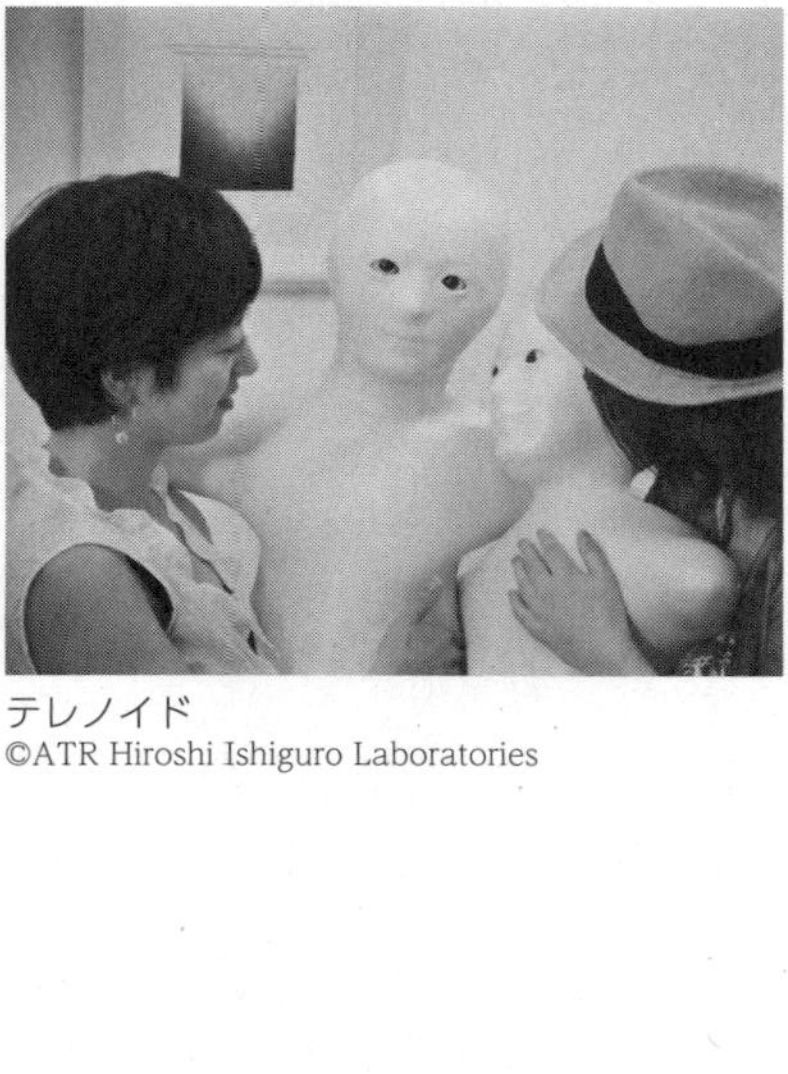

テレノイド
©ATR Hiroshi Ishiguro Laboratories

して作っておいたほうが、人間はポジティブに関わろうとする、あるいはポジティブな感情や態度が引き出されると私たちは考えています。

高台寺のアンドロイド観音は、以前作った二種類のロボットを発展させたものです。

一つは、テレノイドという遠隔操作型のロボットです。テレノイドを老人ホームのお年寄りに預けて、孫が自宅などから遠隔操作します。テレノイドが、お年寄りに孫の声でしゃべりかけるのです。するとお年寄りが「久しぶりやなあ」と、あたかも孫を抱くように抱っこする。こうした研究を重ねて、コミュニケーションの本質は、言葉を正確に伝えることだけでなく、人と人が想像力で関わることではないかと考えました。これが大きな仮説の一つで、アンドロイド観音でさらに研究を進めたいことです。

……アンドロイド観音は、胸から下が機械のむき出しになっています。これにも意図があるのですか？

小川 はい。アンドロイド観音のベースになったもう一つのロボットが、オルタです。オルタは今回のアンドロイド観音と外見が似ていて、のっぺりした顔で、体は機械でむき出しです。具体的な誰かに見えないどころか、実際の人間には程遠い。

このオルタでの研究の主眼は、生命感はどうやって立ち上がるかを探ることでした。

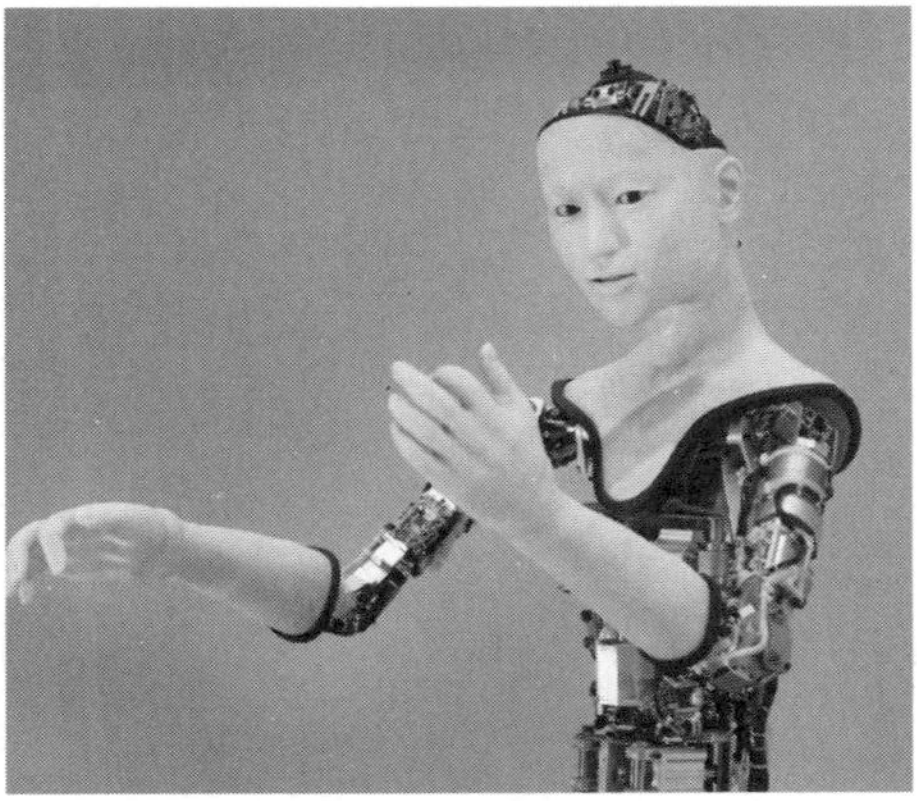

オルタ ©Justine Emard

こんな実験があります。機械人間オルタというプロジェクトで、アンドロイドの指揮者がオーケストラと共演する試みをしたのです。すると観客から、「ロボットが指揮をするという一見すると理解ができない状況であるがゆえに、かえって音楽を理解しようという気になった」という意見が得られました。

テレノイドとオルタでのこうした研究をベースに、アンドロイド観音をポジティブに働く人間の想像力に任せる作りにしました。

……中性的な作りになっているのも、人の想像力に任せるためなのですね。アンドロイド観音を見た知人の男性は「青年僧のように見える」と言い、私は女性のようだと感じました。

小川　狙い通りです。見る人によって見え方が違う、あるいは見ようと思ったように見えるように工夫しています。たとえば、ところどころに付けたチューブがそうです。このチューブにはアンドロイドを動かす機能はなく、単なるデザインです。横から見たとき女性的なフォルムに見せるよう、チューブで背中のくびれをほのかに表現しました。

完全に性別をなくしてしまう――たとえばスピーカーのように寸胴にすると、性別はなくなります。しかし、こうだと思ったらそのように見えるというデザインが大事だと考えました。女性に見たいと思った人はくびれに注目し、男性に見たいと思った人は腕や胸元を見るかもしれない。性別も年齢も、さまざまな要素が多層的、複合的に入った美しいデザインを追求しました。

……仏教では、観音菩薩は相手に合わせて姿を変える仏らしいですね。それと符合するように思いました。

小川　古来から仏教者が観音菩薩に担わせようとしたことも、人間の想像力を喚起することだったと言えます。それと私たちの研究は、非常に近いと感じています。

映像と実物ロボットとの相乗効果

……プロジェクションマッピングで投影される群衆と、アンドロイド観音を対話させていることも、この企画の大きな特徴だと思いました。これにも研究意図があるのですか？

小川　ええ。ポイントは、ロボットという実体と映像とを組み合わせたことです。観音も群衆もプロジェクションマッピングされた映像だったら、私たちはそれを客観的に眺めはしますが、積極的な感情が喚起されないと考えたのです。

では、実体のアンドロイド観音だけがいて、私たちがその話を聞けば、メッセージは伝わってくるのか？　たしかに、ロボットは非常に存在感のある物理的な存在です。今まで行ってきた研究では、映像で映されたロボットがしゃべるより実体のロボットがしゃべるほうが、私たちはそのメッセージを受け取りやすいことが分かっています。

今回はさらにそれを進めて、映像と組み合わせることによって想像力がより強く喚起され、与えられた難しいメッセージを自分なりに理解しようとするのではないかと考えました。そして、この仮説を実証することこそが、高台寺との共同研究の意義だと考えています。

……具体的にどういうことでしょう？

小川　高台寺のプロジェクションマッピングでは、投影された群衆が、かわるがわる観音に質問を投げかけ、観音がうなずきます。それを見ている人は、「あ、いろんな人が納得している」と思うわけです。群衆は壁に映されているだけだと分かっているけれど、ロボットと群衆のやりとりを観察することで、バーチャルな群衆がまるで実際にいるように、その存在感が立ち上がってくるのです。

……見ている私も、群衆といっしょに話を聞いている感覚になって、観音のメッセージをリアルに受け取るわけですね。

小川　ええ。ほかにもさまざまな工夫をしています。投影された群衆は通常はぼやけていますが、質問する人だけクリアになります。これは、ロボットの頭の中を示しています。つまり、ロボットがその人に注目して話を聞いていることを表現しているのです。するとそれを見ている私たちは、「ロボットは、ほんとうにこの人に向かってしゃべっているんだな」と思います。質問する人の声も、その方角にあるスピーカーから出るようになっているので、あの空間の中に入ると、大勢の人といっしょに、しかも興味を示しながらロボットの話を聞く状況が作れるのです。

……映像に映った本物の人間が、実物のロボットと対話していて、それを見ている私たちの感情に何が起きるかを今回の企画で探ろうというわけですね。

小川　この仮説に関しては、統制された条件下での心理実験を大阪大学で実施しています。二体の女性型ロボットAとBを使って、ABの両方とも映像で見せた場合と、Bはそのままで Aだけを実体のロボットに置きかえた場合に、映像Bの印象に違いが出るかを検証する実験です。

二体とも映像で見たとき、人はAとBのどちらに対しても、事前に記録されたものとしゃべっている感覚になるという結果が出ました。しかしAを実体のロボットに置きかえたとき、映像Bの印象が向上したのです。「映像のロボットも目の前にいる感じがする」「このロボットとしゃべってみたい」といった感想が多く出て、映像であるにもかかわらず、その場で実際に話しているような印象を持つことが分かりました。

……リアルなものとバーチャルなものとの組み合わせがポイントなのですね。さらに今回の企画は、映像に映っているのは本物の人間、目の前にいるのはアンドロイドという、疑似的なものとリアルなものが入れ子の構造になっていますね。非常に興味深いです。

小川　組み合わせることで両方の存在感が高まるという仮説を、今回のアンドロイド観音を体験した人たちにインタビューやアンケートなどを行って実証できればと思っています。

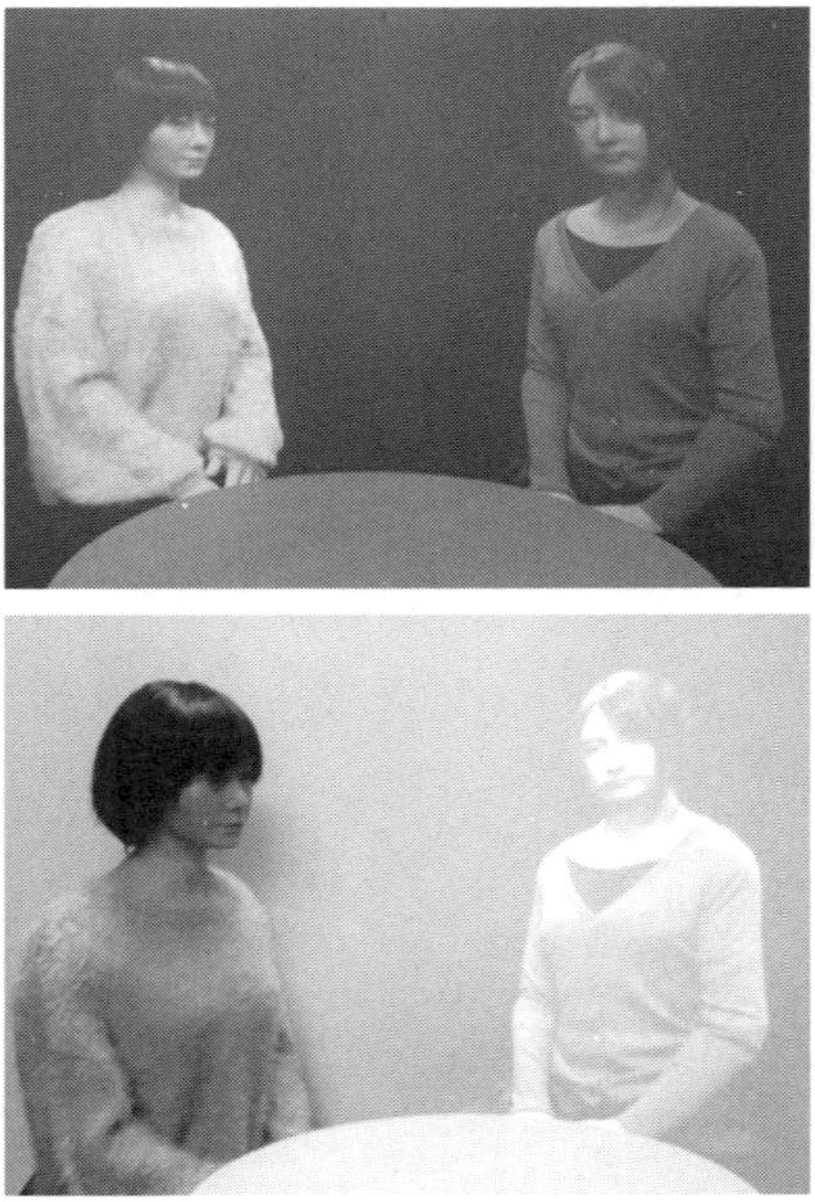

右のBは映像のままで、左のAを実体のロボットに置きかえる
©Osaka University

知りたいのは「人間」

……研究のその先に目指していることは何ですか？

小川　私たちは、人間とロボットがよりよく共存できる世界を作ろうと思っています。ロボットやバーチャルエージェント（仮想のキャラクター）といった、人間ではないものが世の中を構成する要因となって、それらと私たち人間が対話をしながらさまざまなサービスが実現していく世界です。そのとき世の中はどうなるのか、作った人が考えないといけないと思うのです。

ロボットや人工知能のニーズが増していくと、私たちがしゃべったり対話したりする相手は生身の人間だけではなくなります。そのとき、人はロボットをどういうものとしてとらえるのか、ロボットにどんな対話技術が必要になるのか、そして私たち人はロボットにどう振る舞うべきかという知見が大事になります。

……私たちが最初に知ったのが夏目漱石のアンドロイドだったので、大阪大学では人にできるだけ近づけるロボットを作る研究をしているのだと思っていました。

小川　それは違います。ロボットと人間のコミュニケーション、究極には人間の理解の研究のために、私たちはさまざまなタイプのアンドロイドを作ってきました。

人間に近いロボットも意味があります。石黒浩さん（＊）のアンドロイドがありますが、石黒さんのようにしゃべるし動くけれど、石黒さんではない。その差分をみることで、人のアイデンティティとは何だろうといった、人間の本質を研究することができると考えます。ロボットと人とのコミュニケーションを研究するとき、そもそも人間の認知や理解や感情の機構を知ることはとても大事なことですから。（＊石黒浩さんは夏目漱石のアンドロイドを作った知能ロボット学者）

私たちはそうした研究を進めるうちに、人間は他者と想像で関わるという仮説が浮かび上がってきたのです。そこでテレノイドやオルタのような、人間のようだけれど誰とは見えないロボットが非常に大事な研究手法になってきました。

……私たちは生きる上で、他者との関わりが非常に大きなテーマですね。

小川　本質的に知りたいことは、人間です。そもそも私たちは、どうやって分かり合っているのでしょう。しゃべって分かり合った気になってうまくやっていたけれど、実は全然違うことを考えていたことって、よくあるでしょう?

……私たちがふだん人としゃべるときは、そんなことばかりです。いったいどういう共通基盤に立って、相手のことを分かったと思い込んでいるのでしょうね。

小川　非常に深くて明確な答えがない、それゆえに研究する価値のあるテーマだと思います。

たとえ相手の言葉が認識できたとしても、相手がどんな意図でその言葉を用いたのかを本質的には知ることはできません。それにもかかわらず理解できたと思い込んで何らかの返答を返すと、相手は自分の言ったことに納得してくれたりします。

つまり、言葉の意味や概念を理解せずに言葉を産出した場合でも、人同士の対話は成立しているのです。こう考えたとき、私たち人間と、あらかじめ登録された問いに対する答えだけを発話するロボットと、本質的に何が違うのでしょうか?

この問いにまだ答えはないのですが、ロボットを用いることで、これまでは哲学者が扱ってきたような難しい問いを、私たちのような工学者の研究からのアプローチで扱える可能性があります。

究極のＡＩ観音は可能か？

……ところで高台寺のアンドロイド観音は、遠隔操作され、吹き込まれたシナリオをしゃべっていますね。しかしいずれ、仏教にまつわる膨大なデータ、たとえばこれまでの経典をすべて入力して、人間との対話の学習を重ねた暁には、現実の人の悩みを聞いて答えることができるＡＩ観音が実現するのでしょうか？

小川　かなり困難だと思います。なぜなら、経典のテキストを入力したとしても、概念の理解には到達しないからです。ロボットに「愛している」と言ったとき、ロボットが「愛している」と返すのは簡単で、愛しているに対して愛していると答えるセットがあればいいわけですが、そこに概念の理解はありません。

……概念を理解させることは難しいと？

小川　ええ。非常に困難で、解決の手掛かりは現状では提案されていません。

たとえば空《くう》とは何？　愛とは何？　と言われても、私たち一人ひとり思い浮かべる中身は違います。人間の数だけ違うと言っても過言ではないし、一人の人間でも時と場合によって違うはずです。経典のテキストだけでなく、そうしたものをすべてロボットに入れ込めるかと言えば、実現は困難を極めると言わざるを得ません。

……ＡＩとかビッグデータという話題が急速に耳に入ってきて、私たちは中途半端な知識のまま、今やどんなことでもできそうに思ってしまっているかもしれません。

小川　そもそも、ＡＩをどう定義するかが定まっていません。愛の概念を理解した上で、自分の言葉を作りだしてしゃべるのがＡＩなのか、『愛していると言われたら、愛していると返す』という反応だけが書いてあるロボットでもＡＩと言っていいのか？　これについては、世界の哲学者や科学者が議論をしています。

……人間の内面に関わる対話は、ロボットではまだまだ難しいのですね。

小川　また、こうも考えてみてください。いまの遠隔操作されているアンドロイド観音と、自分で考えてしゃべるアンドロイド観音と、果たしてどれだけ違うのか？　と。

私たちが何かの言葉を発するとき、知識や経験を背景にしゃべっています。つまり蓄積してきた「データ」をもとにしゃべっています。「愛している」と言われたら「愛しているよ」と答えれば関係がうまくいくことを知っている。そういうデータが私たちに入っているから、そのように返すわけです。

これと同じことが今回のアンドロイド観音で起きているのです。この質問には教義上こう答えるという仏教の知見があり、それにのっとってシナリオが書かれている。シナリオ通りに話す観音は、ふだんの生活の中で私たちがやっていることと違わないかもしれません。

そして、もし自律的に話す観音ができたとしても、今の観音と同じようなことを話すのではないでしょうか。

私たちの研究目的は、アンドロイドとバーチャルエージェントを用いた、想像を基盤としたロボットの存在感の原理を理解することです。現状では、何にでも答えられる完璧なＡＩ観音を作ることに対して、研究上の仮説を想定していないのです。

……仏教とアンドロイドと聞いて最初は驚きましたが、仏教が広まっていった歴史を冷静に見たとき、絵画や彫刻や建造物など、その時代その時代の先端技法を使って教えを伝えようとしてきたと言えますね。

小川　そのとおりです。仏教の本質を外さなければ、伝え方は時代によって変わるものだし、変わるのが当然だと思います。

科学も同じです。科学は自然を探求する学問ですが、顕微鏡を発明して細菌の研究が進み、人工衛星ができて宇宙の研究が進んだように、人間は開発した新しい技術や手法を使って自然の探求を進めてきました。仏教のように深い人間の側面を解こうとするものであるなら、共通点は多いと思いました。高台寺も仏教はフレキシブルなものだと考えているので、私たちとタッグを組めると考えたのだと思います。

般若心経現代語訳

摩訶《まか》般若《はんにゃ》波羅《はら》蜜多《みった》心経《しんぎょう》

偉大な智慧《ちえ》の完成である般若《はんにゃ》波羅《はら》蜜多《みった》の大切な教え

観自在《かんじざい》菩薩《ぼさつ》

観自在《かんじざい》菩薩《ぼさつ》が

行深《ぎょうじん》般若《はんにゃ》波羅《はら》蜜多《みった》時《じ》

深遠な般若《はんにゃ》波羅《はら》蜜多《みった》（智慧《ちえ》の完成）を実践していたとき、

照見《しょうけん》五蘊《ごうん》皆空《かいくう》

人間を構成する五つの要素、すなわち色《しき》・受《じゅ》・想《そう》・行《ぎょう》・識《しき》の五蘊《ごうん》はすべて空《くう》だと見きわめ、

度《ど》一切《いっさい》苦厄《くやく》

いっさいの苦しみや不幸から解放されました。

舎利子《しゃりし》

舎利子《しゃりし》よ、

色《しき》不《ふ》異《い》空《くう》　空《くう》不《ふ》異《い》色《しき》

五蘊《ごうん》のひとつのうち物質的要素である色《しき》は、空《くう》にほかなりません。
そして空《くう》こそが、物質的要素にほかなりません。

色《しき》即《そく》是《ぜ》空《くう》　空《くう》即《そく》是《ぜ》色《しき》

物質的要素の本質はすべて空《くう》であり、
空《くう》とは物質的要素の本質なのです。

受《じゅ》想《そう》行《ぎょう》識《しき》　亦《やく》復《ぶ》如《にょ》是《ぜ》

色《しき》以外の、受《じゅ》（感覚のはたらき）・想《そう》（構想のはたらき）・行《ぎょう》（意思のはたらき）・
識《しき》（認識のはたらき）といった心のはたらきも、同じように空《くう》なのです。

舎《しゃ》利《り》子《し》　是《ぜ》諸《しょ》法《ほう》空《くう》相《そう》

舎利子《しゃりし》よ、この世のあらゆるものは空《くう》なのです。

不《ふ》生《しょう》不《ふ》滅《めつ》　不《ふ》垢《く》不《ふ》浄《じょう》　不《ふ》増《ぞう》不《ふ》減《げん》

だからこれらは、生じるとか、なくなるというものではありません。
汚《けが》れることもなく、清らかでもありません。増えもしないし、減りもしないのです。

是《ぜ》故《こ》空《くう》中《ちゅう》　無《む》色《しき》無《む》受《じゅ》想《そう》行《ぎょう》識《しき》

ゆえに、空《くう》という状態においては、
物質的要素もなければ、感覚や構想や意思や認識のはたらきもありません。

無《む》眼《げん》耳《に》鼻《び》舌《ぜっ》身《しん》意《い》

眼も耳も鼻も舌も皮膚も心も、ありません。

無《む》色《しき》声《しょう》香《こう》味《み》触《そく》法《ほう》

眼で見るものも、耳で聞く音も、鼻でかぐ香りも、舌で味わう味も、皮膚に触れて感じるものも、心に思い浮かぶものも、ありません。

無《む》眼《げん》界《かい》乃《ない》至《し》無《む》意《い》識《しき》界《かい》

眼による視覚も、耳による聴覚も、鼻による嗅覚も、舌による味覚も、皮膚による触覚もなく、心によって起きる意識もありません。

無《む》無《む》明《みょう》亦《やく》無《む》無《む》明《みょう》尽《じん》

無明《むみょう》（真理に対する無知）はなく、ゆえに無知が尽きることもありません。

だから無知にとらわれる必要はないのです。

乃《ない》至《し》無《む》老《ろう》死《し》　亦《やく》無《む》老《ろう》死《し》尽《じん》

老いや死はなく、ゆえに老いや死が尽きることもありません。

だから老いや死にとらわれる必要はないのです。

無《む》苦《く》集《しゅう》滅《めつ》道《どう》

苦諦《くたい》（生きることは苦であるという真理）、集諦《じったい》（苦の原因は煩悩《ぼんのう》だという真理）、滅諦《めったい》（煩悩《ぼんのう》を消せば苦が滅するという真理）、道諦《どうたい》（八つの正しい行いによって煩悩《ぼんのう》をなくすという真理）はいずれもありません。だから苦しみや煩悩《ぼんのう》をなくそうとする必要はないのです。

無《む》智《ち》亦《やく》無《む》得《とく》　以《い》無《む》所《しょ》得《とく》故《こ》

悟《さと》りの智慧《ちえ》もなく、智慧《ちえ》を得るということもないので、そうしたことにとらわれる必要はないのです。そもそも獲得するもの自体がないのですから。

菩《ぼ》提《だい》薩《さっ》埵《た》　依《え》般《はん》若《にゃ》波《は》羅《ら》蜜《みっ》多《た》故《こ》

菩薩《ぼさつ》は、般若波羅蜜多《はんにゃはらみった》（智慧《ちえ》の完成）のおかげで、

心《しん》無《む》罣《けい》礙《げ》　無《む》罣《けい》礙《げ》故《こ》　無《む》有《う》恐《く》怖《ふ》

心にいかなる妨げもなく、妨げがないのだから恐怖することもなく、

遠《おん》離《り》一《いっ》切《さい》顚《てん》倒《どう》夢《む》想《そう》　究《く》竟《ぎょう》涅《ね》槃《はん》

間違った考えから遠く離れて、最高の涅槃《ねはん》（煩悩《ぼんのう》を滅し尽くした究極の安らぎ）に至ったのです。

三《さん》世《ぜ》諸《しょ》仏《ぶつ》　依《え》般《はん》若《にゃ》波《は》羅《ら》蜜《みっ》多《た》故《こ》　得《とく》阿《あ》耨《のく》多《た》羅《ら》三《さん》藐《みゃく》三《さん》菩《ぼ》提《だい》

過去、現在、未来におられるすべての仏は、般若波羅蜜多《はんにゃはらみった》（智慧《ちえ》の完成）のおかげで、この上ない正しい悟《さと》りを、完全に体得されたのです。

故《こ》知《ち》般《はん》若《にゃ》波《は》羅《ら》蜜《みっ》多《た》

よってあなた方も、この般若波羅蜜多《はんにゃはらみった》（智慧《ちえ》の完成）をしっかり覚知しなさい。

是《ぜ》大《だい》神《じん》咒《しゅ》　是《ぜ》大《だい》明《みょう》咒《しゅ》
般若波羅蜜多《はんにゃはらみった》は偉大な真言《しんごん》（真実の言葉）であり、大いなる力を持った真言《しんごん》です。

是《ぜ》無《む》上《じょう》咒《しゅ》　是《ぜ》無《む》等《とう》等《どう》咒《しゅ》
最上の真言《しんごん》であり、比類なき真言《しんごん》です。

能《のう》除《じょ》一《いっ》切《さい》苦《く》　真《しん》実《じつ》不《ふ》虚《こ》
いっさいの苦しみを取り除く、うそいつわりのないものです。

故《こ》説《せつ》般《はん》若《にゃ》波《は》羅《ら》蜜《みっ》多《た》咒《しゅ》　即《そく》説《せつ》咒《しゅ》曰《わつ》
最後に、般若波羅蜜多《はんにゃはらみった》（智慧《ちえ》の完成）の真言《しんごん》を授けます。

羯《ぎゃ》諦《てい》羯《ぎゃ》諦《てい》　波《は》羅《ら》羯《ぎゃ》諦《てい》
ぎゃーてー、ぎゃーてー、はーらーぎゃーてー
（たどり着いた者よ、たどり着いた者よ、悟《さと》りの岸にたどり着いた者よ）

波《は》羅《ら》僧《そう》羯《ぎゃ》諦《てい》　菩《ぼ》提《じ》薩《そ》婆《わ》訶《か》
はらそうぎゃーてー、ぼーじーそわか
（悟《さと》りの岸に完全にたどり着いた者よ、幸いあれ）

般《はん》若《にゃ》心《しん》経《ぎょう》
以上が般若波羅蜜多心《はんにゃはらみったしん》（智慧《ちえ》の完成の要《かなめ》）の教えです。

編著者等紹介

監修者　後藤　典生（高台寺常任教師）
〃　坂井田泰仙（臨済宗建仁寺派教学部長、建仁寺塔頭興雲庵住職）
〃　雲林院宗碩（大本山建仁寺常任布教師、建仁寺塔頭霊源院住職）
〃　本多　道隆（花園大学非常勤講師、臨済宗妙心寺派梅松院副住職）

マンガ制作　結城わらゑ（マンガ家、イラストレーター）
取材協力　小川　浩平（大阪大学大学院基礎工学研究科講師）
構成・編集　艸場よしみ

マンガ　アンドロイド観音が般若心経を語りはじめた

2019年4月26日　第1刷発行

監　修　©高台寺

発行者　竹村 正治
発行所　株式会社 かもがわ出版
〒602-8119　京都市上京区堀川通出水西入
TEL 075-432-2868　FAX 075-432-2869
振替 01010-5-12436
http://www.kamogawa.co.jp

製作　新日本プロセス株式会社
印刷所　シナノ書籍印刷株式会社

ISBN978-4-7803-1024-5　C0015　Printed in JAPAN